T0419939

PRISIONEROS DE LA ESPERANZA

PRISIONEROS DE LA ESPERANZA

Marcelo Rittner

Grijalbo

El papel utilizado para la impresión de este libro ha sido fabricado a partir de madera
procedente de bosques y plantaciones gestionadas con los más altos estándares ambientales,
garantizando una explotación de los recursos sostenible con el medio ambiente y beneficiosa para las personas.

Prisioneros de la esperanza

Primera edición: octubre, 2024

penguinlibros.com

ISBN: 978-607-385-008-7

Impreso en México – *Printed in Mexico*

La literatura es esencialmente soledad.
Se escribe en soledad.
Se lee en soledad.
Y, pese a todo,
el acto de lectura permite
una comunicación de dos seres humanos.

PAUL AUSTER

Así como un hombre
no puede vivir sin ilusiones,
tampoco puede vivir sin esperanza.
Si los sueños reflejan el pasado,
la esperanza convoca el futuro.

ELIE WIESEL

No eran las ideas las que salvaban al mundo, no era el intelecto ni la razón, sino todo lo contrario: aquellas insensatas esperanzas de los hombres, su furia persistente para sobrevivir, su anhelo de respirar mientras sea posible, su pequeño, testarudo y grotesco heroísmo de todos los días frente al infortunio.

ERNESTO SÁBATO
(*Sobre héroes y tumbas*)

ÍNDICE

Elegirás la vida... siempre

PRÓLOGO

De ideas clave, equilibrios perdidos y paradojas

EDUARDO GARZA CUÉLLAR

ASÍ COMO LA HISTORIA DE LA MEDICINA rescata las hazañas de exploradores que alcanzaron zonas inhóspitas de la tierra (los polos, la amazonia) para descubrir allí sustancias que luego, ya en la zona templada del planeta, resultaron esenciales para el desarrollo de vacunas y medicamentos, también *el arte de vivir —su historia—* está protagonizada por personas excepcionales —pienso en Elisabeth Kübler-Ross, Elie Wiesel, Jorge Semprún o Viktor Frankl— que visitaron los extremos de la condición humana, situaciones existenciales límite, para traernos de allí sabiduría y claves (sobre el duelo, la temporalidad o el sentido, por ejemplo) que pueden evitarnos visitar el abismo y hacen mejores nuestras vidas.

Estas páginas pertenecen a dicha estirpe. Existen, sin embargo, dos elementos que las hacen únicas. Son en primer lugar provocadas por un acontecimiento inédito: la pandemia de covid-19, una desgracia sin espectadores; un evento que, iniciado en Wuhan, puso en vilo a la humanidad entera; una carrera cuya longitud y obstáculos se fueron multiplicando, y que nos comprobó que lo improbable no es imposible.

Además, se trata de reflexiones a un tiempo profundas y sencillas, construidas amorosamente por un maestro espiritual cuya sensibilidad, comprensión profunda de lo humano y capacidad comunicativa son en verdad excepcionales.

Convencido de la necesidad de llevar la Biblia en una mano y portar en la otra el periódico del día, el rabino Marcelo Rittner lee todos los días con paciencia y azoro las noticias de una pandemia; cae gradualmente en cuenta de las implicaciones morales, económicas, sociales, afectivas y existenciales de dicho acontecimiento; piensa en su comunidad, la siente y empatiza profundamente con los dolores, angustias, pérdidas y deseos de los suyos.

Preocupado por consolar y educar, consciente de los peligros —pero también de las lecciones y oportunidades de la pandemia—, lucha por inclinar la balanza de la historia en el sentido correcto y teje para ello reflexiones que luego comparte en forma semanal con su comunidad. Así, comunidad y maestro se acompañan, y así también, gracias a Zoom, entran en sus casas, se entienden y se conocen de una manera distinta.

Pasada la pandemia, el maestro vuelve a enfrentarse con sus ideas y con sus textos; los retrabaja y profundiza, piensa en la unidad y el orden de éstos, corrige y aumenta; somete sus ideas a la intemperie del tiempo y, sobre todo, las abre generosamente a otras tradiciones.

El resultado de dicho esfuerzo a dos tiempos es este libro.

Mientras la comunidad científica mundial, colaborando en tiempo real, activaba su acervo y sus capacidades para desarrollar, en un lapso récord, vacunas que nos regalaran salud y tranquilidad, un humanista, para nuestra fortuna, activaba los saberes de su tradición y sus propias competencias personales para vacunarnos contra la desesperanza, la reactividad y el sinsentido.

El rabino nos advierte del peligro del individualismo posesivo al tiempo que nos invita a mirar a los demás de una manera distinta, a comprometernos con otros, a crecer y salir de la mano de todos, mejores todos. Vuelve insistentemente sobre este dilema.

¿A qué nuevas formas de solidaridad y compromiso fui requerido por la pandemia? ¿Qué nuevas formas de amor estoy llamado a vivir hoy?

Ante este dilema y estas preguntas, primas de las muchas que salpican este libro, el autor responde en gerundio: escribiendo un libro reacio a la clasificación, un acto de generosidad en sí mismo, el que hoy tengo el privilegio de prologar.

Entre los elementos que hacen a esta obra especial destaca el hábito del autor de responder a una pregunta con otra. Hay a quienes esto les desquicia. En descargo del autor debo decir que —para librarnos de la circularidad de preguntas que se enlazan hasta dibujar una serpiente que, como grabado de Escher, se muerde la cola— las nuevas preguntas de Marcelo, las que propone para sustituir las nuestras, alcanzan cada vez mayor hondura intelectual y moral; normalmente nos llevan a la pregunta sobre nosotros mismos (*quién* y *para qué* soy). En el espejo de esa pregunta nuestras preguntas iniciales ven reflejada su justa dimensión.

Este ejercicio mayéutico se complementa mágicamente con la fluidez del texto.

Al igual que las carreteras, los escritos tienen una velocidad de diseño que no se mide en kilómetros por hora, sino en sensaciones por minuto. Marcelo Rittner, un maestro en el arte de la predicación, quizás por serlo, construye escritos sorprendentemente ágiles, repletos de historias entrañables y de exquisita fluidez, que retan a los que no se consideraban lectores y les ganan la apuesta. A quienes han escuchado al autor predicar les será imposible no evocar su palabra hablada en la lectura.

Existen tres ingredientes más que ayudarán al lector a digerir y saborear el banquete: sus palabras-clave, la continuidad tradición-esperanza y la afición del autor por las paradojas.

Las palabras-clave son eso: llaves que nos dan acceso al resto del libro.

En este caso, al lector le vendría bien, incluso antes de leerlo, detenerse para saborear palabras como *misión*, *humildad*, *empatía*, *dignidad* y *consuelo*; *persona*, *proceso* o *proactividad*; *racionalidad*, *regalo* y *resiliencia* (éstas con "r"). Puede pronunciar en voz alta las palabras *sí*, *juntos*, *libertad*, *corazón*, *humor* e *ironía*; *denuncia* y *anuncio*; *vida*, *cambio*, *pasión* y *fe* (no sólo en Dios); *generosidad*, *espiritualidad*, *desierto* y *cuidado*; *tiempo*, *educación*, *inspiración*, *consuelo* y *celebración*; puede también olfatear sin prisa, como en una cata, las palabras *pausa*, *memoria*, *espejo* y *miedo*; así como *lágrimas*, *ética*, *asombro*, *ironía*, *oportunidad*, *solidaridad*, *crisis*, *misterio* y *desafío*; también las nociones *nosotros*, *sentido* (más que felicidad) y *valor* (más que éxito).

Un buen ejercicio sería volver a ellas habiendo leído el libro para hacer una segunda degustación de su sonido y sus significados.

Seguramente sabrán distinto y, sobre todo, cada lector podrá proponer sus propias palabras-clave.

Leer al rabino Marcelo supone también visitar a sus maestros, a maestros de sus maestros, como el célebre Abraham Joshua Heschel; supone escuchar a los hombres y mujeres de la Biblia, participar de la tradición milenaria de la que el autor es heredero y representante.

El autor nos lleva de la mano río arriba; nos comparte las perlas del judaísmo milenario; pero, al tiempo, nos inspira, abre nuestro horizonte perceptual y nos invita a mirar el futuro con esperanza. ¿Qué es lo que hace dicha transición posible? Su visión de la persona. Marcelo entiende al ser humano como un ser digno, libre, creativo, solidario y espiritual, sediento de sentido; como un socio de Dios a un tiempo único y plural, histórico y trascendente, accesible y misterioso. La persona es la bisagra que articula no sólo historia y futuro; también es el punto de conexión del judaísmo con otras tradiciones. En el humanismo nos encontramos todos.

Aunque curioso de los equilibrios, Marcelo es un apasionado de las paradojas. Hijo más bien de la tensión y del contraste, nos recuerda que necesitamos vaciarnos para experimentar la plenitud; que la felicidad huye del afán de quienes la buscan; que en la soledad se descubren las presencias; que el temor de Dios pone a todos los temores a descansar; que no hay nada más completo que un corazón roto; que, durante la pandemia, mientras los edificios estuvieron cerrados, la comunidad estuvo abierta; que la conciencia de lo efímero nos da acceso a lo trascendente y que, en el reconocimiento de nuestra vulnerabilidad compartida, radica nuestra mayor fortaleza. No es casual que sea una paradoja la que da título al libro mismo. Somos, como aprendimos del profeta Zacarías, *prisioneros de la esperanza*.

Es costumbre de los libros, como de los hijos, abrazar rasgos y destinos inesperados por sus propios autores y padres; crecer benditamente libres, fuera de su control.

Y *Prisioneros de la esperanza*, indómito, alcanzó ya a su corta edad uno de esos destinos raros e imprevisibles: el de cautivar el corazón y la gratitud de su propio prologuista.

A MODO DE INTRODUCCIÓN

Mucho ha cambiado en nuestra vida, en lo personal tanto como en nuestro mundo, desde nuestro encuentro en las páginas de la última publicación. Tiempos difíciles, en los que temblamos espiritualmente ante el temor a lo desconocido. El tiempo pasa, pero la melodía queda. Hoy los saludo con emoción y, como siempre, les doy la bienvenida a nuestro nuevo encuentro.

Puedo reconocer a muchos de ustedes, fieles lectores amigos. Aquellos que descubren el libro y lo leen, y aquellos que encuentran la oportunidad y el valor para hacerme llegar sus palabras, donde comparten sus emociones y reacciones. Son estas notas las que fundamentalmente me inspiran a volver a sentarme a compartir lo que he aprendido, lo que he vivido, lo que he sentido. Las alegrías y las tristezas, las llegadas y las partidas, las risas y las lágrimas, la compañía y la soledad. Les presento este trabajo con humildad y con la fe en que nos recobraremos de tanto dolor, porque somos "prisioneros de la esperanza". Gracias a cada uno y a todos. No imaginan cuánto alegran mi día sus correos, sus comentarios, sus expresiones de cariño.

A los nuevos lectores, gracias por la oportunidad de tomar en sus manos un ejemplar de éste entre tantos libros. Pretende ser un espejo donde puedes observarte y crecer, y también un espacio para compartir enseñanzas y experiencias, que te ayudarán a ver la vida con otros ojos, acercarte a ti mismo y vivir tu propia vida.

Como siempre acostumbro afirmar: *¡estamos juntos!* Imaginarlo, sentirlo y vivirlo nos permite seguir avanzando por el difícil camino de la vida.

Muchas veces a lo largo de mis pláticas reforcé la idea de que si algo nos enseñó esta pandemia es que debemos pensar en estos momentos como oportunidades para la metamorfosis, para la transformación. Cuando vivimos una experiencia traumática que nos desborda, ¿cuál será nuestra nueva realidad?, ¿cómo nos reinventamos?, ¿cómo entender mejor lo que nos sucede y cómo cambiaremos?

¿Podremos llevar a cabo nuestro proceso de resiliencia? Es decir, ¿tendremos la capacidad de superar momentos traumáticos y ajustarnos a una nueva realidad? Las preguntas siguen esperando nuestra respuesta individual... todos debemos reconocer la necesidad de una vulnerabilidad compartida. Eres por ti y te completas siendo no sólo para ti. Debes tener un sentimiento de solidaridad. ¿Mirando hacia atrás, como fue tu experiencia con el covid-19? ¿Cómo afectó tu viaje por la vida? ¿Cómo trabajaste tu resiliencia para adaptarte a un nuevo momento?

Realmente sólo hay una pregunta: ¿Cómo vas a vivir tu vida? Tu valor como ser humano, tu actitud de reacción, tu necesidad de compromiso social solidario. ¿Puedes ajustarte al nuevo y desconocido futuro?

Prisioneros de la esperanza toma como punto de partida la experiencia que enfrentamos a partir de la crisis mundial por efecto del covid-19. Una muy dura experiencia a nivel social, comunitario, familiar e individual. Durante parte de la época de la epidemia en la que todos debimos aislarnos, de una manera u otra, vivimos experiencias que seguramente nunca imaginamos vivir. El aislamiento, la muerte en soledad de seres queridos, ser testigos de la falta de ayuda a los más pobres de nuestra sociedad y tantos lados más. La heroica entrega de doctores y del personal hospitalario sin medios, la ayuda que nunca llegó... ¿Cómo olvidar las fotos de gente muerta tirada en la entrada de hospitales sin haber sido recibidos, por falta de espacio? ¿Cómo olvidar el sarcasmo de aquellos que se burlaban... "es una gripecita"?

El gobierno en turno falló trágicamente, en la Ciudad de México y en todo el país, al minimizar la pandemia y relajar medidas como el uso cubrebocas, al mantener los eventos masivos públicos, al no hacer pruebas diagnósticas suficientes, al no proporcionar camas suficientes, al usar de forma indiscriminada la ivermectina (un experimento que violó los derechos humanos), al provocar desabasto de medicamentos que ocasionó la muerte de niños con cáncer, al propiciar la falta de empatía con quienes no fueron recibidos en hospitales y sus familias, al imponer medidas inservibles como los tapetes sanitizantes, al ocultar y engañar a la gente con datos falsos que silenciaron la gravedad de lo que sucedía, sin hablar de tantas promesas y tantas respuestas perversas cuando lo que estaba en juego eran las vidas humanas.

Debo mencionar la falta de atención a los profesionales de la salud, servidores abnegados, que murieron en porcentajes que colocan a México como el país con más víctimas de personal médico por la pandemia. Me duele mencionar el número de víctimas tan elevado, justamente por todas las causas mencionadas y otras más. Los responsables les deben al país, a las víctimas y a sus familiares más que una disculpa.

Rabino Marcelo, ya tenemos la vacuna, la epidemia ya es historia, ¿por qué este libro ahora?

Yo estoy seguro de que quienes perdieron a seres queridos, quienes fuimos víctimas del covid-19, quienes han tenido efectos secundarios que afectaron su vida diaria, los que vivieron los meses y años con el miedo, el estrés, la separación y tantos otros síntomas que tú sabes y conoces, no consideran esta pandemia un caso cerrado. Ha afectado tantas vidas directa o indirectamente, ha habido tanto sufrimiento, abandono del pueblo por parte del gobierno e injusticias sociales que difícilmente podemos decir que esto ya pasó o está resuelto. Quiero compartir mi dolor y al mismo tiempo promover el reconocimiento de las fallas y asegurarnos de que habrá una preparación seria y humana al mismo tiempo que la justicia trate con los funcionarios responsables.

Escribí este libro porque yo no creo que el tema se deba cerrar simplemente afirmando que ya pasó la crisis, argumentando que ya es historia. Su propósito es propiciar un ejercicio espiritual de reflexión y resiliencia para enseñarnos a cruzar el puente, a seguir nuestro viaje. Mi intención es compartir con ustedes parte de las pláticas que di en el curso, lo que aprendí por medio de lecturas, de conversaciones, de sus comentarios y de la propia experiencia. Creo que esto nos ayudará a cerrar capítulos y fundamentalmente a encontrar paz de espíritu, al tiempo que nos hará tomar conciencia de que debemos aprender a corregir las fallas y errores que nos costaron cientos de miles de vidas por, en el mejor de los casos, improvisar soluciones.

Tantos temores y angustias que nos amenazaron y no supimos controlar me hicieron preguntarme: "¿Qué sigue ahora? ¿Qué aprendí de mis noches sin dormir, de estar aislado de mi familia? ¿Cómo podré vivir con el dolor de no habernos despedido? ¿Debemos resignarnos a que en el futuro veremos el mundo en 'cuadritos con rostros'? ¿Habrá una nueva normalidad? ¿Habrá medicinas, trabajo? ¿Podré celebrar mi cumpleaños en la escuela? ¿Podré graduarme? ¿Hasta cuándo debo postergar mi boda? ¿Podré estar presente en el panteón para despedirme de mi ser querido?".

Para ti, ¿qué pasa después? ¿Cómo rehiciste tu vida? ¿Qué cambió para siempre? ¿Creciste? ¿Le das ahora más valor a la vida, a tus seres queridos? ¿Al tiempo? ¿Vives tu vida o la de otra persona? ¿Sigues siendo más yo y menos nosotros? ¿Ésta es la sociedad en la que queremos que nuestros hijos y nietos vivan?

Enséñame a comenzar de nuevo,
a no rendirme,
a tratar de renovarme,
junto con toda la creación.
Muéstrame cómo puedo librarme
de los hábitos que me hacen una pequeña persona.
Ayúdame a romper las ataduras de mi inseguridad
y las cadenas de mis miedos injustificados.
Enséñame a volver a empezar.
A dejar de afirmar "no puedo",
cuando sí puedo.
"No soy",
cuando soy.
"Estoy atascado",
cuando soy libre.
Puedo cambiar, las cosas saldrán bien, puedo avanzar.

Enséñame a ser más paciente,
A no perder mi perspectiva.
No puedes cambiar tu pasado,
pero puedes escribir un nuevo final
para tu historia personal.

Todos atravesamos el viaje de la vida tratando de encontrar y cumplir nuestro propósito personal. Cada uno de nosotros es un mensajero que trae un mensaje que debe compartir. Es nuestra misión. Cada viaje de nuestra vida es de suma importancia. Pero ¿sabes? Más importante es la necesidad de ser viajeros, de caminar, de crecer continuamente, cada día; de vernos en el espejo de la vida y poder sonreír... No podemos saltarnos capítulos, así no es cómo funciona la vida. Tenemos que saber cada línea, conocer cada personaje. No disfrutaremos todo. Como en un libro, algunas páginas nos harán llorar por semanas o meses; leeremos capítulos que preferiríamos evitar y otros que desearíamos que nunca terminaran. Pero tenemos que seguir. Las historias mantienen el mundo girando. Vivamos nuestra propia historia, no seamos espectadores de ella.

Una vez hubo dos niños que fueron a patinar sobre hielo en un lago helado en su vecindario. Mientras se divertían, el hielo se rompió de repente y uno de ellos cayó al agua helada. Su amigo trató de alcanzarlo, pero era demasiado tarde y el niño quedo cubierto de hielo. Desesperado por salvar a su amigo, el otro niño miró a su alrededor, vio un árbol en la distancia y se apresuró a intentar arrancar una rama. Después de tirar durante unos segundos, se las arregló para romper una rama enorme y luego rápidamente corrió hacia el hielo. Golpeó la gélida superficie hasta que finalmente se rompió, lo que le permitió agarrar a su amigo. Lo arrastró de regreso a la orilla justo cuando llegaba la ambulancia y, milagrosamente, pudieron resucitarlo.

Una vez que la conmoción se calmó, uno de los paramédicos de la ambulancia se sentó al lado del lago, luciendo extremadamente confundido. Murmuró para sí mismo: "¿Cómo pudo un niño tan escuálido romper un hielo tan espeso, y además arrancar una rama tan gigante? ¡Es imposible! ¿Cómo diablos lo hizo?". Un doctor mayor, también miembro de la ambulancia, se sentó junto a él y sonrió: "Te diré cómo lo hizo". "¿Cómo?", preguntó el paramédico. Su compañero le respondió: *"No había nadie allí para decirle que no podría lograrlo".*

Escuchemos nuestra propia voz, sigamos nuestros propios sueños, no perdamos la fe. Finalmente, tanto tú como yo somos prisioneros de la esperanza. *Nunca te rindas.*

Durante meses, cada domingo por la tarde ofrecí una serie de pláticas por Zoom, con el objeto, por un lado, de ayudar a las personas a contener emocionalmente muchos de los síntomas que comenzamos a vivir, para ayudarlas en el temor, la angustia, la soledad y la confusión de la que fuimos prisioneros temporales, y, por otro para transmitirles el valor de la empatía, formas de resiliencia, caminos de esperanza y fe. También, y por la sensibilidad y amistad de Janett Arceo, reconocida conductora del programa *La Mujer Actual*, creamos el segmento "Cápsulas espirituales", que se transmitió en sus modalidades de radio y TV con el mismo objetivo. De manera similar, también me encontré conversando sobre temas éticos en el programa Es la Hora de Opinar, presentado por un gran profesional (excepto en temas futbolísticos) y gran amigo mío, Leo Zuckermann, y en compañía del apreciado padre Hugo Valdemar. Les confieso que disfruté cada momento de esos encuentros. Fue motivo de orgullo participar como invitado en innumerables pláticas, también por Zoom, para comunidades, grupos de estudios y de ayuda en Latinoamérica y España. Me llenó de paz sentir el cariño y el agradecimiento de quienes participaron.

Otra fuente espiritual muy valiosa fue cuando, al comienzo de la pandemia, tuve la oportunidad de participar en el comité de bioética del hospital ABC, en la Ciudad de México, invitado como rabino para compartir la posición del judaísmo en un tema que me dio la oportunidad de leer y estudiar diversos materiales que se iban publicando en este campo, y que me permitió conocer la perspectiva legal y religiosa del judaísmo en el tema del triaje, que buscaba establecer normas y procedimientos en caso de exceso de pacientes o falta de equipos respiratorios. El triaje planteó una gran interrogante sobre cómo se resuelve el dilema de establecer prioridades cuando hay vidas en juego y se deben tomar decisiones.

Les contaré algo personal que surgió de la tarea en el ABC. Luego de los cambios de opiniones entre el pequeño grupo de médicos, abogados, representantes religiosos e integrantes de la mesa directiva, establecimos un documento que luego fue utilizado por instituciones del gobierno. El orden de atención para el paciente que se estableció indicaba que en primera opción estaba el presidente de la República, en segunda el personal que estaba en el "frente de batalla" (médicos y personal hospitalario), les seguían las madres solteras con hijos, padres, tercera edad con posibilidades, etcétera. Cuando percibí que por mi edad yo estaría en la sexta o séptima opción sentí un cierto escalofrío en mi cuerpo. Cuando terminó la reunión virtual salí de mi cuarto y le dije a mi esposa: "Vieja, mejor nos cuidamos, porque esto estará muy difícil". Claro que en un vocabulario muchísimo más coloquial...

Mucho del nuevo material que les presento está basado en las pláticas y encuentros mencionados, pero también he incluido algunos textos ya publicados que me parecieron relevantes y enriquecedores. Todos destacan los sentimientos, las muchas dudas que expresamos, los temores que compartimos, la soledad, la imposibilidad de practicar nuestros rituales en congregación o con la familia, la resiliencia, los desafíos que surgieron, el volver a ser nosotros mismos.

Ésa es mi invitación y la intención de este libro: ayudarnos en el proceso de recuperar la normalidad y entender que ser "prisioneros de la esperanza" nos ayuda a ver con fe el mañana y nos impulsa a dirigirnos hacia allí.

Durante la pandemia, la editorial publicó una nueva edición de *Aprendiendo a decir adiós* en la que incluí nuevo material referente al covid-19. En ella escribí un nuevo capítulo como introducción: *Aprendiendo a decir adiós, en tiempos de covid-19.* Allí les decía:

Estamos viviendo momentos socialmente distantes y espiritualmente cercanos. ¿Cuál será la nueva forma de vivir cuando esto pase? ¿Volveremos a la vieja normalidad? ¿Tendremos consciencia de nuestros límites? Con el tiempo los dolientes nos damos cuenta de dónde colocar los recuerdos. Descubrimos cómo seguir adelante sin nuestros seres queridos y apenas con la bendición de los recuerdos y la memoria de todo lo compartido.

¿Qué habremos aprendido de nosotros mismos y de los demás en esta crisis? ¿Qué dejaremos atrás mientras reimaginamos nuestra vida a raíz del covid-19? ¿Cómo nos ajustaremos al cambio, cómo será nuestra resiliencia en un nuevo modelo que aún no conocemos? Una cosa que para mí es clara, y que he aprendido de esta tragedia con millones de muertes en el mundo, es que nuestra fuerza sólo puede surgir del reconocimiento de nuestra vulnerabilidad compartida. *He aprendido que nadie es asintomático al miedo de morir. He aprendido que cada momento de nuestra vida está tratando de decirnos algo, pero muchos pretendemos no escuchar. He aprendido que debemos transformar este momento de la sociedad en un momento de curación. Y para ello estamos aquí.*

El sentido del tiempo se rompió y nos impide tener una visión a largo plazo. Debemos conectar el pasado, el presente y el futuro. Todo el tiempo. Transitar por los puentes de la historia de nuestra vida y recuperar nuestra libertad del virus que confunde nuestros tiempos y nuestro espacio, nuestros dolores y alegrías, nuestros sueños y proyectos.

Por si fuera poco, en medio de la crisis enfrentamos la muerte de nuestros seres queridos por una trágica pandemia que arrancó tantas vidas únicas, irremplazables a su paso por la Tierra. [...]

En estos últimos meses, la tarea de consolar ha sido muy desafiante. Más angustiante y difícil, porque todos sentimos la muerte como una fuerte amenaza que nos angustió, nos atemorizó, como pocas veces antes. Especialmente por la cantidad de familias, familiares y amigos que fuimos tocados por el dolor de una pérdida.

Seguramente, uno de los momentos más duros y crueles fue acompañar la muerte solitaria de tantos seres queridos, una tragedia que hizo y hace más difícil el entender y aceptar la separación. Un enojo profundo que se suma a nuestro dolor e impotencia. Pero en este proceso debemos aprender a buscar el arcoíris en cada tormenta. Y debemos hacerlo juntos.

Socialmente distantes, espiritualmente cercanos, nos toca vivir una crisis pandémica, una crisis económica y, no menos grave, también una crisis ética social. Y debo expresarlo porque, como ser humano y como líder religioso, es mi responsabilidad señalar una de las atroces realidades que nos llena de desesperanza y dolor, que nos frustra y señala la falta de empatía con el que sufre, con la víctima, con el prójimo. Les confieso que nada me ha preocupado, lastimado y enojado más que ver el sufrimiento del enfermo, del paciente como persona.

Para mí el manejo de esta crisis ha revelado, dolorosamente, la falta de empatía en el trato al ser humano, a pacientes y sociedad a quienes se ha llenado de promesas incumplidas y maquilladas. Y qué decirles del abandono y la falta de protección a los médicos y a todo el personal que arriesga cada día sus vidas por el prójimo. Por eso digo que es una crisis social, a la que se debe incluir el real abandono a los más necesitados.

No podría volver a escribirlo con el dolor y compasión con que lo escribí en esa hora.

Quiero compartir con ustedes un texto de mi admirado Leonard Cohen, el cantautor canadiense fallecido en 2016, alguien cuyas melodías y palabras me ayudan siempre a transitar en la soledad de la nostalgia. La canción se titula *Come Healing* (*Ven, sanación*), y tiene una emotiva armonía que pueden ver y escuchar en YouTube. La comparto adaptada, con emoción, cariño y el deseo que sirva de inspiración a cada uno y todos nosotros en el caos que como humanidad nos toca vivir en este tiempo. Así lo escribió:

Recoge lo quebrado, y tráeme ahora
la fragancia de aquellas promesas,
que nunca te atreviste a hacer,
las astillas que llevas,
lo que dejaste atrás.

Que venga la sanación del cuerpo,
que venga la sanación de la mente.
Y dejen que los cielos escuchen
el himno penitencial.

Que venga la sanación del espíritu,
que venga la sanación del ser.
Sostén las puertas de la misericordia,
la soledad de la nostalgia,
donde el amor ha sido confinado.

Que venga la sanación del cuerpo,
que venga la sanación de la mente.
Oh, mira la oscuridad ceder,
aquella que alejó la luz.

Ven, sanación del cuerpo,
ven, sanación del espíritu,
ven, sanación del corazón.

Es con ese sentimiento que te ofrezco mi amistad renovada, mi apoyo, mi abrazo. Tengamos fe y vivamos con fe. Demos a nuestro duelo una expresión y un sentido, busquemos sanar nuestras heridas y nuestras cicatrices del alma. Porque el secreto de la vida es que lo que parece ser un final, podemos transformarlo en un nuevo comienzo.

Éste es el proyecto de este libro. *Entender cómo transformar una crisis en una oportunidad. Y descubrir que tenemos dentro de nosotros la luz, la fuerza, las herramientas que nos ayudarán y guiarán en el camino a lograrlo. Aprender a buscar el arcoíris en cada tormenta. Y hacerlo juntos.*

Muchas veces a lo largo de mis pláticas reforcé la idea de que si algo nos enseñó esta pandemia es que debemos pensar en el presente como un puñado de momentos de metamorfosis, de transformación. Cuando vivimos una experiencia traumática, ¿cómo nos reinventamos? Vivimos una vulnerabilidad compartida. Y las preguntas esperan, estimado lector, tus respuestas individuales. Tu sentimiento de solidaridad. Tu preocupación por que los errores y horrores que debimos pasar no se repitan en el futuro.

Y por ello el título del libro. De las sentidas palabras que leemos en la Biblia, en el libro del profeta Zacarías (9:12): "Prisioneros de la esperanza, regresen a su fortaleza. Les digo que voy a darles en bendición el doble de cuanto tuvieron que sufrir".

Hay épocas o situaciones en la vida que nos llenan de aflicción, días en los que nos sentimos encadenados, prisioneros de los faraones que, desde nuestro ser interior o de manera externa, dirigen nuestra vida, nuestras emociones, nuestras relaciones. Nos sentimos sin fuerzas cuando vivimos desesperanzados. Vivimos dando vueltas alrededor de nosotros mismos. Tememos, nos aislamos y nos sentimos confundidos y temerosos. Perdemos el entusiasmo de vivir.

Son esas palabras del profeta las que nos recuerdan que debemos ser *prisioneros de la esperanza*. Que íntimamente seguimos teniendo la esperanza de recuperarnos, de recobrar nuestra energía, de fortalecer nuestras relaciones, de ser y vivir una vida plena: "Prisioneros de la esperanza. Les digo que voy a darles en bendición el doble de cuanto tuvieron que sufrir". Pero no podemos abandonar la esperanza cambiándola por resignación y desesperación. Hemos crecido en espíritu y comprensión. Nos hemos vuelto más estratégicos, hemos encontrado nuestra fuerza y escuchado nuestra propia voz. Pero no seamos víctimas de la desesperación. Abracemos nuestra esperanza.

Realmente todo sólo se reduce a una pregunta: ¿cómo vamos a vivir nuestra vida? Y no tenemos opción sino responder, pues somos prisioneros de la esperanza. Porque nunca perdimos las esperanzas, apenas las pusimos en segundo plano, junto a nuestro valor como humanos, nuestra actitud de reacción, nuestra necesidad de compromiso solidario, nuestra resiliencia. Cada uno de nosotros tiene una fuerza interior desconocida que justamente emerge en los momentos de crisis.

Recordemos que, si bien no podemos modificar el pasado, podemos escribir un final diferente de la historia de nuestras vidas.

Gracias a quienes me han apoyado y estimulado a que esta publicación sea una realidad. Valoro su amistad y sensibilidad. Gracias a mi familia, a mi esposa, a mis hijos y nietos por dar calor y luz a mi vida. A mi querida familia de la comunidad Bet El, con quienes próximamente celebraré 40 años desde mi llegada a tierras mexicanas. Siempre me sentí abrazado por su amor y amistad, que son mutuos. He sido privilegiado en compartir sus vidas con varias generaciones. Y ustedes, lectores, lectoras, por su confianza y cercanía.

A mi amigo, el doctor Eduardo Garza Cuéllar, por haber aceptado la invitación de escribir el prólogo a este nuevo libro. Eduardo, me siento honrado y agradecido. A Claudia Nierman, un ser humano lleno de sensibilidad y creatividad, por su trabajo al crear la portada. A mi queridísima Janett Arceo y a su increíble auditorio, que me hicieron sentir siempre tan apapachado. A mi editor, David Velázquez, que siempre se pone más ansioso que yo en ver esta tarea terminada. A Roberto Banchik, director de Penguin Random House, por tu confianza y palabras de estímulo.

Y a Dios, siempre tan cercano y presente. Siempre. *Bendito eres Tú, Dios nuestro, Rey del universo, que me has dado vida y me has permitido llegar a presenciar este momento. Bendice a todos tus hijos con Paz, Shalom.*

Muchísimo de lo que he aprendido ha sido a través de ustedes, porque cada uno en su forma y tiempos, me ha acompañado y abrazado. Gracias por acompañarme en este viaje por la vida. Estamos juntos. Bendiciones.

Mira la oscuridad ceder,
aquella que alejó la luz.

Ven, sanación del cuerpo,
ven, sanación del espíritu,
ven, sanación del corazón.

MARCELO RITTNER
Ciudad de México, junio de 2024

Tiempo de metamorfosis

ATRAVESAR LA TORMENTA

Cuando Gregor Samsa se despertó una mañana después de una mala noche, se encontró a sí mismo convertido en un insecto gigante. Estaba de espaldas, como si tuviera una armadura pesada, y cuando levantó un poco su cabeza, podía ver su enorme estómago dividido en grandes secciones, encima de las cuales a duras penas podía sostener la cobija, y estaba a punto de resbalarse. Sus numerosas patas, las cuales eran mínimas comparadas con el resto de su enorme forma, se agitaban sin remedio ante sus ojos. "¿Qué me ha sucedido?", pensó. Pero no era un sueño.

FRANZ KAFKA, *La metamorfosis*

Este relato era el reflejo del mundo tortuoso, oscuro y angustioso de Kafka. Hoy se asemeja al de muchos de nosotros. Nos urge despertar del sueño y descubrir que seguimos siendo humanos. Ahora entiendo cómo puede uno despertarse y sentirse de pronto terriblemente extraño en su propia cama, un exiliado en su propio mundo.

Perdido, fuera de lugar, fuera del mapa.

Cuando observamos los efectos de este nuevo virus en la humanidad, la comunidad, el individuo; cuando observamos y vivimos la crisis económica, el aislamiento, la inseguridad, cuando somos paralizados por el temor a lo desconocido por perder el control de nuestra vida, cuando la desesperanza nos provoca angustia, los sueños dan lugar a las pesadillas, y al despertar a un nuevo día nos sentimos como Kafka; tal vez no un insecto gigante, pero definitivamente un ser extraño a sí mismo.

Por un lado, está el mundo de las bendiciones y la quejas, con todas las alegrías y agravantes de la rutina diaria que consumen nuestras horas, días y semanas. Y por el otro, la fría realidad de que somos mortales sin saber nuestra fecha de caducidad, de que nuestros días están contados: la incertidumbre, la certeza de que el mañana no está asegurado. Desde ese lado, el mundo de la rutina diaria se revela como terriblemente frágil y efímero. Desde este lado, cada mañana es un raro y precioso regalo.

Así tomamos conciencia que todo nuestro armatoste teórico, basado en la superioridad de la cultura sobre la naturaleza, es nada frente a un virus. Las estrategias se colapsan, los plazos se acortan, soñamos con análisis de alternativas y, frente al espejo, no nos reconocemos. La verdad es que todos nosotros, en un punto o el otro, somos arrastrados y forzados a ver más allá.

Estamos viviendo nuestros momentos de metamorfosis. Una experiencia traumática que nos desborda.

¿Cuál será nuestra nueva realidad? ¿Cómo nos reinventamos? ¿Cómo entender mejor lo que nos sucede y cómo cambiaremos? ¿Cómo deberíamos responder? ¿Cómo podríamos traer un rayo de luz a la oscuridad momentánea en nuestra vida? ¿Qué refleja nuestro espejo? ¿Cómo se ve nuestra alma sin maquillaje? ¿Cómo imaginamos nuestra vida? ¿Cuáles son las razones que hoy nos impiden volar? Nos urge reconocer que si bien no podemos cambiar el pasado, si lo decidimos podemos crear un nuevo final para nuestra vida.

Y entonces, ¿por qué muchos no lo han hecho? Porque resulta más sencillo dedicarse a ser el otro, vivir como el otro, actuar como el otro, vivir la vida del otro.

Pablo Neruda escribió: "Algún día en cualquier parte, en cualquier lugar, indefectiblemente te encontrarás frente a ti mismo, y ésa, sólo ésa, puede ser la más feliz o la más amarga de tus horas".

No es tiempo de maldecir la oscuridad, es tiempo de encender una luz que nos permita buscar el camino al sol. Es tiempo de buscar dentro de nosotros.

El filósofo Friedrich Nietzsche complementa esta idea:

Nadie puede construirte el puente sobre el cual tú, y sólo tú, debes cruzar el río de la vida. Puede haber innumerables senderos, puentes y semidioses que con gusto te llevarán a través de ellos. Pero sólo al precio de empeñar y renunciar a ti mismo. Hay un camino en el mundo que nadie puede caminar excepto tú. ¿Adónde lleva? ¡No preguntes, camina! Debes olvidar el hábito de ser otra persona o ser nada en absoluto, de imitar las voces de otros y confundir los rostros de otros con los tuyos.

Para las personas que sufren, la suya es la única realidad. Pregúntenle a cualquiera que haya sufrido el dolor, la muerte de un ser querido o la soledad, si la declaración "entiendo cómo te sientes" les fue útil. La mayoría de las veces dirán "gracias", pero las palabras bien intencionadas les parecen frías, insensibles o cínicas. Nadie puede comprender el dolor de otra persona.

Es tiempo para la introspección, para regresar del exilio personal, para volver a reconocernos y reconocer a quienes nos rodean. Es tiempo de no perder la esperanza. De descubrir nuestro valor escondido.

Como el rabí, es tiempo de preguntarse: "Si paso mi vida fingiendo ser otra persona, entonces, ¿quién seré yo?".

Se trata de dejar de huir, de evitar estar aquí tal como estamos y somos. Es dejar ir y abrirse. Básicamente, hacer amistad contigo mismo es hacer amistad con las otras personas también. Necesitamos estar despiertos y alertas, ser más curiosos sobre nosotros mismos y estar completamente despiertos y vivos. Ése es el verdadero viaje de nuestra vida.

El camino es una sensación de asombro, de volver a ser un niño de dos o tres años, querer saber todas las cosas incomprensibles, comenzar a cuestionar todo. Volver a tener pasión por la vida.

Les deseo éxito en esta tarea. Que disfruten de la felicidad y de la raíz de la felicidad. Que puedan ser libres del sufrimiento y de la raíz del sufrimiento. Que logren ser su propio amigo, su propia amiga para así, a pesar del dolor, reconozcan la compasión y el sentido de ser amigo con otros.

Aunque a menudo nos centramos en el resultado final, cada paso de un proceso es de importancia crítica. Si realmente entendemos el poder de esta idea, nuestra visión del tiempo y nuestro potencial cambiarán para siempre. Cada paso de nuestro viaje crea ondas en todos los aspectos de nuestras vidas.

En las palabras del escritor Haruki Murakami: "Una vez que la tormenta termine, no recordarás cómo lo lograste. Ni siquiera estarás seguro o segura que la tormenta haya terminado realmente. Pero una cosa es segura: cuando salgas de esta tormenta, no serás la misma persona que entró en ella. De eso se trata esta tormenta". Mi pregunta para que puedas responderte es: cuando salgas de esta tormenta, porque sí vas a salir, ¿cómo te gustaría ser?, ¿qué cambiaría en ti? *Porque no serás la misma persona que entró en la tormenta que estamos enfrentando.*

QUEDA MUCHO POR HACER

Hay una vieja parábola cuyas lecciones deben formar parte de nuestra vida. La escuché en boca de un maestro hace muchos años y siempre es actual, me encanta compartirla. Se le conoce como "Historias del río". Algunos han atribuido la historia a Irving Zola, y aunque hay diferentes variaciones, el mensaje principal es el mismo:

> Varias personas en un pueblo caminaban por la orilla del río cuando escucharon a un niño gritar pidiendo ayuda. El niño quedó atrapado en la corriente. Ellos rescataron al niño y pronto escucharon los gritos de otro niño, también atrapado en la corriente. A los pocos minutos salvaron a otros niños. Al día siguiente rescataron a más niños que estaban en la misma situación. Mientras otro niño gritaba pidiendo ayuda, uno de los aldeanos comenzó a caminar río arriba. Otro le dijo: "¿Adónde vas?". Y el aldeano respondió: "Aquí estamos ayudando a evitar que los niños se ahoguen. ¡Voy a ir río arriba para ver en primer lugar por qué tantos niños caen al agua!".

Espero que sea evidente la lección principal de esta historia: que aún queda mucho por hacer, que es mejor identificar y prevenir que enfrentar las graves consecuencias del problema. Trata de señalarnos algo que podemos aplicar en nuestra vida en varios planos. Es una invitación a dejar de ver las cosas a corto plazo que nos afectan seriamente, para dedicarnos a centrar nuestra atención "aguas arriba", en el origen de los verdaderos problemas.

Queridos lectores, este relato es un espejo de la realidad que estamos viviendo en muchos países de nuestro continente, fruto de las decisiones de los sabios de turno. Esta crisis debe motivarnos a encontrar mejores proyectos y compromisos que eviten que mueran, no a rescatarlos cuando ya no tienen vida. Es decir, necesitamos soluciones y no parches, un sistema social al que cada ciudadano y ciudadana tenga derecho. Esto requiere integrar una visión y compromiso humanos con mayor sensibilidad en cada proyecto.

De esto se trata una sociedad que se dice serlo. Se trata de vidas humanas, vidas sagradas, vidas de personas que tienen una historia. Seres como tú y yo, no números ni pulseras de identidad.

Aunque esta lección sobre la atención mal dirigida pueda parecer evidente, la verdad es que muchas personas, ya sea en su vida personal o profesional, o ambas, son víctimas de gastar gran parte de su tiempo y energía para gestionar crisis en curso y dedicar poco o ningún esfuerzo en abordar la causa del problema. Hablamos de una cultura de la *intervención* de crisis en lugar de buscar la *prevención* de crisis. Lo primero es necesario a veces, pero si se convierte en el enfoque dominante es muy probable que el problema continúe.

La realidad es que nos dedicamos mucho más a ser "bomberos" de incendios declarados en nuestra vida que personas dedicadas a planear y prevenir. Somos "grandes improvisadores" y nos orgullecemos. Y luego todos nos lamentamos y aseguramos que la próxima vez ya estaremos preparados.

Tal como lo que escribí en mi introducción, muchos ya "cerraron el caso" de la pandemia. Es más sencillo, conlleva menos responsabilidades. Muchas promesas vacías y hasta la próxima. Esta historia ya la conocemos. Pero si no reaccionamos, la misma historia la contarán tus nietos a los que sobrevivieron de la última vez. Podemos hacer el esfuerzo y cambiar la estrategia. Se trata de tu vida, se trata de tu familia, se trata de tu sociedad, se trata del mundo. Es hora de ir al origen y al fondo de las cosas, no de correr a apagar el fuego. El objetivo es mostrar que hemos aprendido que es mejor prevenir que contar muertos.

No estoy hablando de política, se trata de la lucha por mantenernos humanos.

Si sientes dolor, estás vivo.
Si sientes el dolor de otras personas,
eres un ser humano.

León Tolstói

ESPERANZA DURANTE LA PANDEMIA

Una meditación personal para situaciones de emergencias

Estamos asustados, Dios, preocupados por nuestros seres queridos, preocupados por nuestro mundo. Indefensos y confundidos, recurrimos a ti buscando consuelo, fe y esperanza. Enséñanos, Dios, a convertir nuestro pánico en paciencia y nuestro miedo en actos de bondad y apoyo. Nuestros fuertes deben cuidar a nuestros débiles, nuestros jóvenes deben cuidar a nuestros viejos. Ayuda a cada uno de nosotros a hacer nuestra parte para detener la propagación de este virus. Envía fuerza y bendice a los médicos y enfermeras en la primera línea de esta batalla, dales vigor de cuerpo y alma para que puedan cumplir con éxito su misión. Envía inspiración y sabiduría a los científicos que trabajan día y noche en todo el mundo para descubrir tratamientos curativos que puedan salvar a miles de personas. Bendice sus esfuerzos, Dios. Ayúdanos, Dios, a ver que somos un mundo, y que sólo unidos podremos vencer esta plaga que nos tiene paralizados. Envíanos salud, Dios, cuídanos, abrázanos con tu amor, bendícenos con tu luz sanadora. Escúchanos, Dios. Cúranos, Dios. Haznos sentir protegidos.

Amén

LAS DOS NOTAS

De vez en cuando la vida nos besa en la boca
y a colores se despliega como un atlas.
De vez en cuando la vida nos pasea por las calles
y nos sentimos en buenas manos.
De vez en cuando la vida se hace de nuestra medida y toma nuestro paso,
y uno es feliz como niño cuando sale de la escuela.
De vez en cuando la vida nos regala un sueño tan escurridizo
que hay que andar de puntillas, para no romper el hechizo.
De vez en cuando la vida afina con el pincel,
se nos eriza la piel y nos faltan palabras
para nombrar lo que ofrece para los que saben usarla.
De vez en cuando la vida nos gasta una broma
y nos despertamos sin saber qué pasa.
JOAN MANUEL SERRAT

¿No es acaso esta poesía un reflejo de nuestro propio sentir? Esta canción de Joan Manuel Serrat que nos acompañó una parte del viaje especial de la vida volvió rápidamente a mi memoria. *De vez en cuando la vida nos gasta una broma y nos despertamos sin saber qué pasa.* Perder el control, estar confundidos, temerosos, sin saber bien a bien qué pasa. Los interminables días y las no menos interminables noches se ocupan de alimentar nuestras fantasías en estas horas de mirar por la ventana con la vista perdida.

Rabí Simja Bunam era un rabino jasídico* inusual. Se enorgullecía de ser mundano e intelectual. Había sido comerciante de madera y farmacéutico. Frecuentaba el teatro y era conocedor de la música popular de finales del siglo XVIII. Se acercó al jasidismo relativamente tarde en su vida. Pero atrajo a muchos estudiantes por el énfasis que daba a sus pensamientos. Uno clásico:

> Cada persona debería tener dos bolsillos. En uno debería haber una nota que diga: "Es por mí que el mundo se ha creado" (Talmud, Sanhedrin, 37a). Y en el segundo debería haber una nota con la leyenda: "Yo soy polvo y cenizas".

Cuando te sientas triste, deprimido o derrotado deberías pensar: es por mí que el mundo se ha creado. Y cuando en la euforia creas que eres lo máximo, deberías leer: soy polvo y ceniza. El desafío es encontrar el equilibrio: tener la sabiduría de saber no sólo cuál de las notas usar, sino cuándo, cómo y dónde.

Estas ideas de rabí Bunam fueron complementadas en un texto de rabí Abraham Kook: "Dios, antes de yo ser creado no tenía valor, y ahora que me he desarrollado es como si nunca me hubiera desarrollado". ¿Captan su idea? No sólo hoy, sino en cualquier lugar del mundo adonde se dirijan, tienen un propósito. Nadie puede decir cuál es ese propósito, esa misión, pero ésa es la razón para vivir con una intención. El mundo ha estado esperando mi llegada, porque sin mí no estaría completo. Cada uno de nosotros tiene una misión en la vida y parte del viaje por la vida debe ser descubrirla. Y cuando dedico mis acciones a cumplir con el propósito para el que fui creado, justifico mi existencia. Pero si no lo hago, vuelvo al estado de no tener valor alguno.

Muchos olvidamos: *"Es por mí que el mundo fue creado"*, porque vivimos persiguiendo el sueño de otro, tratando de vivir la vida de otro, de ser otro, y cuando lo hacemos, dejamos el mundo incompleto. Otros se esconden e indiferentes a la vida declaran: *"Yo soy polvo y cenizas"*.

* Movimiento espiritual y religioso fundado por rabí Israel Ba'al Shem Tov (1698-1760 E. C.)

La vida no es un accidente, tiene un motivo para ocurrir. Nacimos para hacer alguna diferencia, porque el mundo estaría incompleto sin nosotros. Cuando sentimos que no importamos, que somos pequeños, recordemos: *"Es por mí que el mundo fue creado"*.

Acerca de esta idea, un pensamiento popular africano muy simpático afirma: "Si crees que eres demasiado pequeño como para hacerte notar, es que nunca pasaste la noche con un mosquito en tu habitación".

El profeta Jeremías lo expresó con profunda belleza: "No se vanaglorie el sabio por su sabiduría, ni se alabe el hombre fuerte por su fuerza, y no se regodee el rico en sus riquezas. El talento es dado por Dios; sé humilde. La fama es dada por el hombre; sé agradecido. La arrogancia uno se la otorga a sí mismo; se cuidadoso".

Vive tu propia vida. Descubre tu misión y recupera tu valor. Pero no permitas que la arrogancia te robe tu vida. El secreto de una vida con sentido es aprender cuál de los dos papeles sacar del bolsillo, cuándo, cómo y dónde.

Hubiese querido deshacerme en lágrimas,
pero no podía llorar.
En este mundo existe un tipo de tristeza
que no te permite verter lágrimas.
Es una de esas cosas que no puedes
explicar a nadie y,
aunque pudieras, nadie te comprendería.
Y esa tristeza, sin cambiar de forma,
va acumulándose en silencio en tu corazón
como la nieve en una noche sin viento.

HARUKI MURAKAMI

VER EL ROSTRO DE TU HERMANO

Personalmente, algo que me sucedió con esta pandemia es que reforcé mi agradecimiento por las relaciones inspiradas por nuestra comunidad. El concepto que siempre transmití como identidad y pertenencia de que somos "la familia" Bet El emerge como un tranquilizador y sanador a la hora de reafirmar que no estamos solos.

Somos una comunidad que no se limita a las paredes del santuario, sino que se extiende a nuestros hogares. Y en los últimos años, por la tecnología hemos ampliado este círculo aún más, integrando a quienes a distancia volvieron a estar cerca. Puedo decirles que estar juntos, ser parte de la comunidad, es una forma genial de empezar a mirar el futuro con más confianza. Como rezamos en los salmos: *"Dios, por favor, Sálvanos. Dios, responde a nuestro angustioso llamado cuando Te invocamos"*.

Que ésta sea nuestra bendición para respondernos también unos a otros, reafirmando que estamos juntos. Deseo de corazón que pronto tengamos la oportunidad de reencontrarnos y acercarnos, abrazarnos y reconocernos. *Bendiciones* para todos.

Según la tradición, dos rabinos debatían la pregunta: *¿Cómo sabemos cuándo termina la noche y comienzan un nuevo día?* El primer rabino respondió: "La noche termina y comienza un nuevo día en el momento en que puedes distinguir la diferencia entre un hilo azul y un hilo púrpura". El segundo rabino dijo: "La noche termina y comienza el día en que puedes reconocer la cara de tu hermano".

Este texto tiene un profundo mensaje, especialmente en este momento que nos toca vivir como comunidad, como sociedad, como mundo. Ambos rabinos respondieron de manera correcta. No podemos decir que alguno de ellos se equivocó. Pero si revisamos sus palabras, podremos notar una importante diferencia en los ejemplos ofrecidos. La pregunta está en el contexto de saber cuándo es el momento apropiado para poder rezar en la mañana. El primero dio la respuesta basada en las franjas del talit, fue una respuesta para establecer la ley. El segundo rabino respondió con una visión más humanista: *"Puedes rezar cuando reconozcas el rostro de tu hermano"*.

En medio de la oscuridad que vivimos, en medio de la angustia y en muchos casos a la soledad, para poder rezar, para poder comenzar nuestro día y darle sentido, debemos poder reconocer al otro. La vida sólo tiene sentido si incluye una relación con los demás.

Muchas veces a lo largo de mis pláticas reforcé la idea de que si algo nos enseñó esta pandemia es que debemos pensar en estos momentos como ocasiones de metamorfosis, de transformación. Cuando vivimos una experiencia traumática que nos desborda, ¿cuál será nuestra nueva realidad? *¿Cómo te reinventas?* ¿Cómo entender mejor lo que nos sucede y cómo cambiaremos? *¿Podrás llevar a cabo tu proceso de resiliencia? Es decir, ¿tendrás la capacidad de superar momentos traumáticos y ajustarte a una nueva realidad?* Las preguntas siguen esperando nuestra respuesta individual...

Debemos, cada uno, reconocer la necesidad de una vulnerabilidad compartida. Somos por nosotros mismos y nos completamos siendo no sólo para nosotros. Debemos tener un sentimiento de solidaridad. Como enseña nuestra tradición: *Cuando una vela da de su fuego a otra vela que está apagada, no disminuye su luz, por el contrario: ilumina con mayor intensidad.*

El nuevo día, el nuevo momento, la nueva realidad, sólo podrá ser enfrentada y vencida si logramos ver a nuestro prójimo. Solamente si entendemos que somos más fuertes, más seguros, cuando compartimos el viaje. Aun si no conocemos el destino, debemos ir acompañados como humanidad. Podemos no estar en el mismo barco, pero nos dirigimos al mismo lugar.

La vida me ha enseñado que comúnmente como seres humanos, tenemos la notable capacidad de sacar conclusiones precipitadas, *suponiendo* que sabemos la verdad de una situación cuando, de hecho, la hemos juzgado mal. Y una de las experiencias de aprendizaje más poderosas que una persona puede tener *es un cambio de paradigma*, un cambio de perspectiva que nos haga ver algo de una manera fundamentalmente diferente. Sin embargo, resulta muy importante recordar que hay dos niveles de verdad: el primero es cómo aparecen las cosas en la superficie física; el segundo es el significado que se esconde detrás de esa apariencia.

En el mismo sentido, hay dos niveles de visión: el primero es la vista física, que te permite ver la materialidad del objeto; el segundo es la vista espiritual, el mecanismo de dar significado y profundidad a lo que has visto. La visión incompleta es sólo ver lo que está en la superficie, sin llegar a su raíz, sin ver lo que realmente está detrás de él. Cuando la superficie ya no refleja una verdad más profunda, se convierte en un cuerpo sin alma.

Por ejemplo, si miraras la cara de alguien y vieras sólo carne y hueso, sin reconocer que detrás de la piel hay una conciencia, un alma viva, eso sería una alteración de la vista. Tu visión puede ser correcta, pero el significado que le has dado a lo que has visto puede estar lejos de la verdad. Del mismo modo, cuando eres testigo de un evento, tienes la oportunidad de discernir el significado que hay detrás de él. Dos personas pueden ver un mismo suceso y contarlo de diferente manera. Porque junto a la vista física, también nuestro corazón tiene ojos.

El siguiente ejemplo lo tomo de un pasaje de la Biblia. En el relato, doce espías fueron a reconocer la Tierra Prometida y hacer un reporte para saber si podrían conquistarla. Dos de ellos declararon: "Podemos lograrlo", pero los otros diez fueron pesimistas y temerosos. La visión física que los diez transmitieron estaba bien, pero les faltó visión espiritual. Así que debemos aprender a ver también con el corazón, debemos aprender a evaluar con la vista y la visión.

Recuerden que siempre tenemos el poder de elección, lo aprendimos de Viktor Frankl: podemos elegir cómo percibimos la realidad y el significado que le damos a nuestras experiencias. Muchos de nosotros tenemos vista, pero sólo unos pocos entre nosotros realmente ven. El objetivo de la vida es embarcarse en un viaje genuino para cambiar nuestros paradigmas, para alinear nuestra visión espiritual con la verdadera naturaleza de la realidad.

Nunca lograremos una visión espiritual perfecta, pero podemos acercarnos un poco más cada día. Si hay una forma de superar esta situación que nos toca vivir como humanidad es hacerlo juntos. Para ello debemos expandir continuamente nuestros horizontes, ser capaces de ver no sólo con los ojos, sino también con el corazón. Así veremos al prójimo, el mundo, a ti en medio de ellos, y lo veremos de una manera más valiosa. ¿Por qué los espías fueron castigados? *Porque sólo vieron con los ojos y no vieron también con el corazón.* Siempre que juzgues una situación, tenlo presente.

Hay algo más que podemos aprender de esta historia de la Torá. Cuando los espías regresaron de explorar la tierra de Israel, hicieron un reporte desolador en la que dijeron haberse visto como saltamontes, insectos o chapulines frente a los otros. Así hay días en que nos sentimos diminutos y cada problema parece insuperable. Los problemas se sienten inabarcables, las preguntas nos rebasan. ¿Cómo superaremos esta pandemia? ¿O su consiguiente recesión económica? ¿Volverá la vida a lo que fue alguna vez?

¿Por qué los espías se veían a sí mismos como pequeños insectos? ¿Quizás fueron derrotados por esta nueva experiencia de vagar por el desierto y seguían viéndose como esclavos? ¿No tenían confianza en derrotar al enemigo? ¿Cómo sabían que los demás los veían a ellos de ese modo? Ésta es quizás la afirmación más preocupante de los diez espías: tenían una autoestima tan pobre que imaginaban que todos los veían tan pequeños como ellos se veían a sí mismos. Juzgaron la realidad por cómo *ellos se sentían*, y eso terminó creando incertidumbre y miedo entre los demás.

Lo que quiero decirles es, por un lado, que debemos ver también con el corazón y, por otro, que cómo nos vemos a nosotros mismos cuenta, y mucho. Percibirnos como demasiado pequeños o poco preparados para enfrentar los inmensos desafíos de la vida puede desviarnos de la realidad. La verdad es que ¡podemos superar lo que nos propongamos! Gran parte de nuestros desafíos pueden superarse por la fe, tanto en Dios como en nuestras habilidades.

Recuerden la historia que nos contaban cuando éramos pequeños sobre cuando el rey David era sólo un niño y los enemigos de los israelitas eran los poderosos filisteos, conducidos por el gigante Goliat. Todos los soldados tenían miedo de ir a la batalla contra Goliat. Incluso el rey Saúl estaba asustado. Pero David no tenía miedo. Aunque era sólo un niño pequeño, se aventuró al campo abierto sin ninguna armadura. Sólo trajo una honda. Y allí nació la leyenda. David mató a Goliat golpeándolo con una pequeña piedra entre los ojos. David tuvo fe. Tenía confianza. No parecía ser un niño pequeño, a pesar del hecho de que todos los demás soldados eran más altos y fuertes que él.

Realmente sólo hay una pregunta: *¿cómo vas a vivir tu vida? ¿Con fe en tus propias fuerzas y valores, o viéndote como insecto?*

Por supuesto, no se trata de encender y apagar un interruptor. Habrá momentos en las próximas semanas, meses y años en los que nos sentiremos como los diez espías, pequeños como saltamontes incapaces de superar cualquier desafío. Y habrá otros momentos en los que descubriremos la confianza y la fe y nos veremos capaces de superar incluso los desafíos más gigantescos. Los retos, los gigantes, cíclicamente estarán presentes. En la forma en que los veamos, si solamente con los ojos o también con el corazón, estará la respuesta para ayudarnos a superarlos.

Los espías no habían escuchado a rabí Bunam. ¿Recuerdan?: "No tengas miedo. No te desesperes".

Llegados a este punto, pienso que podemos encontrar ideas que nos ayuden en este proceso si miramos el análisis de terceros. Leí varios artículos internacionales sobre los efectos del covid-19 en la vida personal y en la sociedad, y quiero compartirles algunos mensajes de distintas personas sobre la enseñanza que busqué destacar a lo largo de nuestros encuentros: tu valor como ser humano, tu actitud de reacción, tu necesidad de compromiso social solidario.

El primer texto son palabras y pensamientos de Yuval Noah Harari (autor de *Homo Deus* y *21 lecciones para el siglo XXI*):

> En los próximos meses, los políticos reharán el mundo. Durante estos pocos meses, el mundo será fluido y maleable. Podríamos optar por enfrentar

> la crisis actual a través de la solidaridad y la cooperación mundiales, lo que dará como resultado un mundo más unificado y armonioso. También podríamos optar por enfrentarlo a través del aislamiento y la competencia nacionalistas, lo que probablemente hará que la crisis sea mucho más aguda y dará como resultado un mundo más fragmentado y hostil. Podríamos elegir enfrentar la crisis imponiendo regímenes de vigilancia totalitaria o empoderando a los ciudadanos y garantizando una mayor transparencia gubernamental. La humanidad podría decidir reconstruir su sistema de transporte y sector de energía sobre bases mucho más verdes, o centrarse en una recuperación económica estrecha mientras arroja precaución ambiental al viento. Hay innumerables otras elecciones que tenemos que hacer [...] Esta crisis ha tomado a los políticos completamente por sorpresa, y no tienen un anteproyecto preparado para saber qué hacer. Por lo tanto, están singularmente abiertos a nuevas ideas. Incluso a las ideas locas. Pero una vez que se tomen las decisiones, un nuevo orden se solidificará y será cada vez más difícil probar un camino diferente. Quien llegue al poder en 2021 será como alguien que viene a una fiesta después de que la fiesta ya ha terminado, y lo único que queda por hacer es lavar los platos sucios.*

¿Qué opinan del posicionamiento de Eric Schmidt, ex CEO de Google?

> Por primera vez durante una crisis global, tenemos la capacidad tecnológica para enfrentar el desafío a escala global. Los datos que surgen de una parte del mundo pueden analizarse y aplicarse en otra para encontrar una vacuna y mejorar la atención médica. Las aplicaciones para el seguimiento de contactos pueden transmitir datos en tiempo real para limitar un brote futuro. La escasez de suministros médicos críticos puede abordarse con la impresión 3D, mientras que los análisis basados en inteligencia artificial con los conjuntos de datos correctos pueden ayudar a asignar suministros de manera eficiente. La pandemia puede llevarnos hacia una mayor cooperación, habilitada por la tecnología, en el mundo posterior a la pandemia.

* *Noema Magazine* 2021 y otras fuentes.

Pero hemos visto respuestas nacionales que intensifican las competencias geopolíticas entre los estados. La pandemia también ha revelado la desigualdad dentro y fuera de las fronteras: las personas con conectividad digital están mejor equipadas para los requisitos de tele-todo del distanciamiento social. Sus hijos pueden aprender, pueden trabajar de forma remota, sus vidas se ven interrumpidas, pero no diezmadas. Para otros, sin embargo, el distanciamiento social rompe los lazos críticos o ha resultado imposible, forzando la elección entre riesgo de salud y riesgo de sustento. Necesitamos un compromiso global para brindar a todos una infraestructura digital básica crítica para la mayoría de los aspectos de la vida moderna.

Leyendo estos textos y pensando en su contenido no pude evitar recordar el viejo chiste del rabino que recibe a los dos amigos que se pelearon; escucha al primero y le da la razón, y luego escucha al segundo y le da la razón, hasta que su alumno lo interrumpe y le reclama: "Rabí, ¡no le puede dar la razón a los dos!". Y el rabí sin inmutarse le responde: "¿Sabes?, ¡tú también tienes razón!".

Ahora lean este texto de David Brin, físico y autor de ciencia ficción desde San Diego:

Existió un tipo llamado Hyman Minsky, cuyas ideas sobre la naturaleza de la estabilidad en los sistemas humanos han recibido mucha atención. Básicamente, en tiempos de gran estabilidad, muchas personas (dando por sentada la continuidad) acumulan cantidades cada vez mayores de riesgo sin protegerse contra una reversión. Un "momento Minsky" ocurre cuando la inestabilidad regresa repentinamente, y entonces las cosas se sacuden en medio de mucho dolor. Quizás todos se adapten juntos, abandonen los malos hábitos y hagan que las cosas funcionen mejor, con más sabiduría. Alternativamente, las cosas pueden suceder como lo describió Karl Marx, con sacudidas que sacrifican a la clase capitalista y empobrecen a los trabajadores, lo que lleva a la revolución.

Joseph Nye, ex decano de la Escuela de Gobierno Kennedy de Harvard, expresó:

Hasta ahora, tanto Estados Unidos como China, la primera y segunda economías más grandes, respondieron al covid-19 con una inclinación hacia interpretaciones competitivas, de suma cero y de corto plazo, con muy poca atención a las instituciones y la cooperación. En lugar de propaganda competitiva, los líderes deberían articular la importancia del "poder con" en lugar de "sobre" los demás y establecer marcos bilaterales y multilaterales para mejorar la cooperación. Tanto por razones egoístas como humanitarias, Estados Unidos y China deberían liderar el G20 en contribuciones generosas a una nueva e importante cumbre de la ONU. Fondo covid-19 como un Plan Marshall abierto a todos los países.

Si elegimos este camino, el covid-19 podría conducirnos a un mundo mejor. Pero si continuamos por el camino actual, el virus simplemente acelerará las tendencias existentes hacia el populismo nacionalista y los usos autoritarios de la tecnología. Quizás no sea demasiado tarde para elegir un nuevo camino al final de este año fatídico, pero al mundo se le está acabando el tiempo.

Bill Joy, inventor y cofundador de Sun Microsystems, desde Los Ángeles:

El teólogo y médico alemán Albert Schweitzer dijo una vez que "el hombre ha perdido la capacidad de prever y anticiparse". Terminará destruyendo el mundo". Se nos advirtió ampliamente que estábamos excediendo los límites planetarios y que esto estaba creando amenazas existenciales, y las más peligrosas de ellas implicaban fugas exponenciales. A medida que nos acerquemos más a los límites planetarios y los superemos, estos fugitivos interactuarán y acelerarán. Si bien logramos ignorar colectiva y alegremente advertencias como las de los casquetes polares, el derretimiento de Groenlandia y la tundra, y la amenaza de que una fuga podría hacernos perder la selva amazónica, ahora hemos sido golpeados por una fuga que no podemos ignorar: el covid-19, pandemia, cuyo surgimiento se debe en gran parte a nuestra invasión de hábitats.

Lograr que nuestra economía y nuestra forma de vida vuelvan a la antigua normalidad sería un gran desafío, y si lo logramos, sólo continuaremos magnificando y acelerando el surgimiento de nuevas catástrofes exponenciales. Sólo cambiando radicalmente a una existencia menos impactante (invirtiendo en salud pública y consumiendo menos y de manera sostenible) y reequipando rápidamente el transporte, las redes eléctricas y más, podremos prevenir una degradación ambiental y económica generalizada y dramática. Ahora es el momento de actuar, de adoptar de forma generalizada y agresiva una nueva normalidad sostenible.

Davide Casaleggio, una destacada figura del grupo populista Movimiento Cinco Estrellas de Italia, manifestó:

> Esta pandemia es un momento de cálculo sobre la inmoralidad de nuestros sistemas. La posibilidad de calcular mediante la restauración y reparación es ahora. Nuestra generación está pasando por su guerra. Es una guerra inversa, donde los médicos están en primera línea y el ejército lleva ataúdes. Tenemos a nuestros héroes peleando a diario al igual que desertores que abandonan los trenes con pases falsos para moverse fuera de las reglas. Tenemos un boletín de los caídos todas las tardes. Tenemos fábricas que convierten la producción para suministros y equipos de guerra. Tenemos personas cuya mayor contribución posible a esta batalla es encerrarse en casa y no ser la causa de nuevas infecciones. Una y otra vez, hemos entrado en una nueva era en la que lo que se creía imposible de repente se volvió normal. Comenzamos a explorar lugares desconocidos marcados en los mapas como inexplorados y peligrosos. Descubrimos que había muchos más en el mundo de lo que habíamos pensado. Esta pandemia es un nuevo *shock* para la sociedad. Lo que creíamos imposible, esas zonas agrestes, está abierto a la exploración.

En un reciente artículo de *Harvard Business Review*, el experto en duelo de renombre mundial David Kessler menciona la incomodidad que tanta gente siente en este momento como castigo. Escribe: "La pérdida de la normalidad; el miedo al costo económico; la pérdida de conexión. Esto nos está afectando y estamos afligidos. Colectivamente. No estamos acostumbrados a este tipo de pena colectiva en el aire".

Helle Thorning-Schmidt, ex primera ministra de Dinamarca, dice:

Nuestra preocupación más grave debería ser que la pandemia cambie muy poco o nada en absoluto: que todo cambie, pero todo siga igual.

Eso es precisamente lo que ocurrió en 2008: ganamos la guerra, en el sentido de que se evitó una crisis económica total, pero perdimos la paz. Algunos paquetes de apoyo financiero, mayores requisitos de capital bancario, bancos centrales activos, pero ninguna fijación de redes de seguridad y pocos cambios estructurales en el funcionamiento del mercado global. ¿Por qué esta vez no sería igual? En 2008, había un grupo de líderes que estaban listos, dispuestos y capaces de actuar en conjunto. Ahora tenemos una ausencia casi total de cooperación internacional. Sabemos lo que se necesita: atención médica con recursos adecuados, seguridad social inteligente y compasiva, mercados bien regulados donde las empresas sirvan a las sociedades y no al revés, gobiernos e instituciones multilaterales trabajando juntos por el bien común. De hecho, probablemente ahora veamos estas verdades más claramente que nunca.

Sabemos que no debemos volver a la normalidad. Pero la pregunta es: ¿la gente elegirá líderes que sean capaces de crear este nuevo y feliz mundo post pandémico?

Aquí la opinión de Lorraine Daston, historiadora de la ciencia en el Instituto Max Planck de Historia de la Ciencia:

El virus nos ha catapultado repentinamente al siglo XVII: vivimos en un momento de empirismo en la zona cero, en el que casi todo está en juego, tal como lo estaba para los miembros de las primeras sociedades científicas, y todos los demás, alrededor de 1660. Para ellos, casi todas las preguntas básicas no tenían una respuesta consensuada.

En momentos de novedad radical y de incertidumbre radical que la novedad emite, como un calamar que se oscurece en tinta, volvemos temporalmente a un estado de empirismo en la zona cero. Observaciones casuales, correlaciones aparentes y anécdotas que normalmente apenas merecerían mención, y mucho menos publicación en revistas revisadas por pares, tienen internet lleno de especulaciones entre médicos, virólogos, epidemiólogos, microbiólogos y el público no especializado interesado.

En momentos de extrema incertidumbre científica, la observación, generalmente tratada como la mala relación entre el experimento y la estadística en la ciencia, cobra importancia. Casos únicos sugestivos, anomalías llamativas, patrones parciales, correlaciones aún demasiado débiles para resistir el escrutinio estadístico, qué funciona y qué no: cada sentido clínico, no sólo la vista, se agudiza en la búsqueda de pistas.

Onora O'Neill, profesora emérita de Filosofía en la Universidad de Cambridge, miembro de la Cámara de los Lores y Premio Berggruen 2017 dice al respecto:

> Algunas personas están tratando de predecir qué cambiará después de la pandemia, cuando volvamos a la "normalidad". Otros reflexionan sobre lo que debería cambiarse. La predicción y la discusión práctica son asuntos muy diferentes.
>
> La idea misma de una situación normal puede no ser un buen punto de referencia para el futuro. La globalización ha traído riquezas incalculables para algunos, ingresos promedio en aumento, mayores desigualdades, cadenas de suministro cada vez más largas y acuerdos económicos cada vez más complejos, así como el calentamiento global y la pandemia. ¿Pero es esto normal?
>
> Una mayor exposición a acontecimientos distantes puede impulsar los bienes privados, incluidos los beneficios y el consumo. Pero los acuerdos basados en el mercado no proporcionan ni pueden proporcionar bienes públicos ni la solidaridad necesaria para la salud pública y la seguridad ambiental. Muchas de las cuestiones prácticas que enfrentamos tienen que ver con el fortalecimiento de los bienes públicos, entre ellos el Estado de derecho y normas regulatorias efectivas. Los bienes públicos requieren acción coordinada y apoyo tanto de los organismos públicos como del público en general.
>
> En lugar de intentar predecir cuándo y cómo volverá la normalidad, debemos trabajar por un futuro que asegure los bienes públicos que más importan para el futuro humano.

Del escritor Rafael Narbona, en un artículo publicado en España: "Debemos buscar al otro por un deseo de hermandad, no para escapar de nuestros miedos. No hay que lamentar el aislamiento impuesto por las autoridades. Es una buena oportunidad para explorar nuestra intimidad y buscar un sentido para la vida".

Y finalmente, "de postre", algunos pasajes brillantes del filósofo francés Edgar Morin, basados en un artículo escrito sobre de su libro *Un festival de incertidumbres*:

> Espero que la epidemia excepcional y mortífera que estamos viviendo nos traerá la conciencia no sólo de que somos llevados al interior de la increíble aventura de la Humanidad, sino además de que vivimos en un mundo que es incierto y a la vez trágico. somos jugadores/jugados, poseedores/poseídos, poderosos/débiles.
>
> La globalización ha creado una interdependencia, ciertamente, pero que no estaba acompañada de solidaridad. La crisis sanitaria ha disparado así un engranaje de crisis que se han concatenado. En cuanto crisis planetaria, se pone en relieve la comunidad de destino de todos los humanos y el lazo inseparable con el destino bio-ecológico del planeta Tierra; también se hace más intensa la crisis de la humanidad que no llega a constituirse como humanidad.
>
> Como crisis económica, sacude todos los dogmas que gobiernan la economía y amenaza con convertir nuestro futuro en caos y pobreza. En cuanto crisis social, salen a la cruda luz las desigualdades entre los que viven en pequeños alojamientos poblados de niños y padres y aquellos que pudieron escapar a su residencia secundaria en el verde campo. En cuanto crisis de la vida civil, hemos sido empujados a percibir las carencias de solidaridad y la intoxicación consumista que ha desarrollado nuestra civilización, escuchando el clamor de reflexión sobre una política de civilización. En cuanto crisis existencial, esta crisis nos empuja a interrogarnos sobre nuestro modo de vida, sobre nuestras verdaderas necesidades, nuestras verdaderas aspiraciones enmascaradas por las alienaciones de la vida cotidiana; nos empuja a establecer la diferencia entre la diversión pascaliana que nos distrae de nuestras verdades y la felicidad que encontramos en la lectura, la escucha o la visión de las obras maestras que nos hacen mirar de frente nuestro destino humano.

Pero sobre todo, esta crisis debería abrir nuestros espíritus —tan confinados desde hace mucho en lo inmediato, lo secundario y lo frívolo— a lo esencial: el amor y la amistad para nuestro florecimiento individual; la comunidad y la solidaridad de nuestro "yo" en un "nosotros".

Sé también que un confinamiento durable será vivido cada vez más como un impedimento. Los videos no pueden remplazar de modo durable la ida al cine, las tabletas no pueden remplazar de modo durable las visitas a las librerías. Skype y Zoom no dan el contacto corporal ni el choque de copas de un brindis. La comida doméstica, por muy excelente, no quita el deseo de ir a un restaurante. Los films documentales no suprimirán las ganas de ir al sitio a ver los paisajes, ciudades y museos; no me quitarán el deseo de reencontrarme en Italia y en España. La reducción a lo indispensable también da sed de lo superfluo.

Bien, creo que hemos alimentado nuestro espíritu con algunos pensamientos maravillosos que hablan a nuestras emociones y nuestra inteligencia. Nos hablan de la urgencia de la solidaridad, del mundo que se queda sin tiempo, nos habla de asumir nuestra parte de responsabilidad y aportar a "nuestra vida común". Una vez más les recuerdo las palabras del maestro Abraham Joshua Heschel: "En la sociedad algunos son culpables, pero todos somos responsables".

En esta crisis, la cuarentena puede ser el momento de redescubrir el sentido y la urgencia de ser solidarios y fraternos. Parafraseando al psicólogo Massimo Recalcati: *"Mi libertad sin la del otro, sería en vano".*

Recuerden: *Somos jugadores/ juguetes, poseedores/ poseídos, poderosos/ débiles.*

Y si no es ahora, ¿cuándo?

Tenemos que atravesar la desesperación
e ir más allá, usándola para ayudar a los demás.

Elie Wiesel

LÁGRIMAS DE ESPERANZA

Cuando comencé a ordenar las ideas para este texto, algo empezó a dar vueltas en mi cabeza, hasta que hoy por la madrugada me desperté con la respuesta. El tema con el que quería comenzar fue el mismo que hace justamente 39 años, cuando realicé mi primera visita a la Comunidad Bet-El (1985), invitado para ocupar el lugar de rabino principal de la comunidad. ¡Imagínense! Fueron días que cambiaron mi vida y la de mi familia, y también de la Comunidad. Como digo siempre: no hay coincidencias.

¿Cuál fue mi mensaje en el servicio religioso? Que una de las tareas humanas más difíciles es ayudar a transformar lágrimas de tristeza o dolor en lágrimas de esperanza y alegría. Convertir un análisis negativo en una fuerza positiva. Verdad es que cada uno de nosotros a lo largo de la vida ha tenido que enfrentar momentos difíciles, oscuros, inciertos. Lo que haya sido, todos pasamos por pruebas difíciles.

Uno de los maestros más importantes por su influencia en sus discípulos y muchísimos seguidores fue el rabí Najman, en el siglo XVIII. Ya se los mencioné anteriormente, pero siempre es bueno recordar las enseñanzas que han ayudado a generaciones a tener una vida con más significado. El rabí hablaba de varios elementos que deben formar parte de nuestra vida. Justamente en una época como la que vivimos, cuando sentimos que perdemos cada día un poco más de entusiasmo y esperanza en la vida, él declaro: "No desesperen. No existe la desesperación". Lo expresó con tal convicción que marcó la vida de sus discípulos por generaciones, hasta nuestros días. Ellos aprendieron: *"Uno nunca debe ser presa de la desesperación, sin importar lo difícil o pesada que resulte la carga de su vida".*

Rabí Najman también mencionó un segundo concepto que debemos integrar en nuestra vida diaria: encontrar diariamente algunos momentos para aislarnos y provocar la soledad, para buscar un momento de introspección personal, tener un momento íntimo con nuestro propio ser. Vivimos en medio de tantos ruidos externos, tantos distractores, que nos olvidamos de escuchar la pequeña voz interior que nos habla. Se trata de crear este momento que nos permita acercarnos a Dios y a nosotros mismos. Ser capaces de escuchar nuestra propia voz.

¿Cómo deberíamos responder?

¿Cómo podríamos traer un rayo de luz a la oscuridad momentánea en nuestra vida? El rabí Najman nos enseñó que: *"Cuando parece que no tenemos motivos para sentir alegría, cuando todo es negativo, ese es el momento de demostrar alegría. Cuando no hay ninguna razón para estar feliz, deje de llorar, levántese y baile y cante con alegría".*

Lo que nos enseñaba era que estar sentados, agobiados por nuestra tristeza, problema o faraón de turno, lamentándonos, contando y recontando nuestros problemas, no es el camino para la solución. Él insistía en que el mundo es un jardín mal cuidado y que es nuestra tarea cuidarlo, al igual que hacemos con nuestras vidas personales. Y ésa es nuestra tarea, nuestro desafío. Porque justamente cuando no hay una razón es nuestra tarea crearla para modificar nuestro estado. Siempre existe el peligro de que un ser humano sea absorbido por la melancolía, que pueda ahogarse en la tristeza por causa de las dificultades de la vida. Todos nosotros tenemos momentos de tristezas personales, y nos afligimos. Lo que vivimos nos afecta y nos atormentamos hasta desesperarnos pensando: "¿Qué será de mi vida?".

Enfrentando nuestra tristeza y no apenas lamentándonos de nuestros pesares, podremos encontrar esos momentos de alegría, tener una actitud positiva.

Este concepto está grabado en la placa de su sinagoga en Varsovia: "El mundo se asemeja a un estrecho puente que el hombre debe cruzar, pero lo importante es no sentir miedo". Nuestro viaje por la vida es difícil, no es un día de playa, más bien es como subir una complicada montaña. Pero no debemos sentir miedo al hacerlo. Si avanzamos paso a paso, podremos lograrlo. Lo importante, el secreto, es no temer.

Thich Nhat Hanh, un reconocido monje budista zen vietnamita, escribió un mensaje que complementa esta idea de una manera profunda y hermosa:

> A veces tu alegría es la fuente de tu sonrisa, pero a veces tu sonrisa puede ser la fuente de tu alegría. Sonreír es muy importante. Si no podemos sonreír, entonces el mundo no tendrá paz. No es mediante una manifestación contra misiles nucleares que podemos lograr la paz. Es con nuestra capacidad de sonreír, respirar y ser paz que podemos hacer las paces. Hay tantas condiciones de felicidad disponibles, más que suficientes para que seas feliz en este momento. No tienes que correr hacia el futuro para obtener más.

EL MUNDO HA CAMBIADO, ¿Y TÚ?

Muchas veces de manera esporádica escuchamos que nuestra sociedad está viviendo la época del *consumismo*, e inmediatamente agregamos: "Sí, con-su-mismo coche, con-su-misma ropa, etc.". Pues bien, 2020 fue un año extraño para todos, en todo el mundo. Por lo general, una crisis se encierra en una región o país específico. Lo vemos en las noticias y pensamos en lo difícil que es para las personas involucradas. Esta pandemia fue diferente. Simultáneamente, estábamos sintiendo los efectos en todo el mundo, y con la televisión y las redes sociales, lo sentimos juntos.

Y efectivamente, lo que me resulta muy interesante es observar qué fuerte golpe recibió nuestra soberbia, cómo descubrimos nuestra fragilidad humana y cómo volvimos a practicar el con-su-mismo, pero ahora desde un ángulo diferente. Veamos lo positivo. Nos paseamos por la casa con la misma pijama, en sandalias, con el color del pelo que va cambiando cada semana; las mujeres ahorraron fortunas en maquillajes y cremas. Imaginen que hasta a mí alguien me dijo que necesitaba cortarme el pelo. Observaba mis corbatas en el closet y me preguntaba para qué necesito tantas. Lo mismo con mucha ropa y calzado. Me deshice de muchas cosas y, entre nosotros, me siento mejor así.

Todos tuvimos que cambiar nuestras vidas y la forma en que nos desenvolvemos todos los días. Tuvimos que cambiar hábitos y costumbres, protegernos, aislarnos. El mundo cambió y tuvimos que integrarnos a nuevos estándares, a pesar de que algunos nos resultan molestos. Una duda: *¿habremos aprendido algo?*

A medida que la pandemia continuaba, me sentía asustado. Me preguntaba cuándo terminaría la pesadilla. No podía dormir por la noche, extrañaba abrazar a mis amigos. Me sentía solo. Cada día morían más personas, más personas quedaban desempleadas, más personas sufrían. ¡Y aun así muchos se negaban a usar cubrebocas!

Quería esconderme debajo de las sábanas de mi cama y despertarme cuando llegara la vacuna. Cada vez que mis amigos y familiares me preguntaban cómo estaba, me encogía de hombros y murmuraba: "Está todo bien", apenas ocultando mi preocupación interior.

Yo creo que lo mejor que podemos hacer en estas situaciones de desesperanza es utilizar estos desafíos como oportunidades para reflexionar, practicar la introspección y mejorar como seres humanos.

Todos estamos juntos en esto y estoy seguro de que juntos también lograremos llegar a buen término. Se trata de aceptar una invitación para ser más humanos, momento a momento, por el resto de nuestras vidas. Lo hacemos desde un análisis y una perspectiva de la espiritualidad en nuestra vida y naturalmente nuestra actitud.

Para muchos, la práctica espiritual representa una forma de relajarse y una forma de acceder a la paz mental. Queremos sentirnos más tranquilos, más centrados y, con nuestras vidas frenéticas y estresantes, ¿quién puede culparnos? Sin embargo, tenemos la responsabilidad de pensar en *más* que eso.

Ahora bien, si la práctica espiritual es relajante, si nos da algo de tranquilidad, eso es genial, pero: ¿esta satisfacción personal nos ayuda a afrontar lo que está sucediendo en el mundo?

Alrededor de 1970, cada domingo por la mañana, en un canal de televisión americana, un conocido reportero grababa una cápsula de diez minutos en la que entrevistaba al rabino Abraham Joshua Heschel. Él fue uno de los grandes teólogos y académicos, fue de los primeros en tener contacto con el Vaticano para desarrollar las relaciones judío-cristianas. Fue un exitoso profesor y ha publicado una interminable lista de libros (por ejemplo, *Los profetas*) que son utilizados en todo el mundo por universidades y centros de estudios religiosos. Durante la guerra en Vietnam fue gran activista por la paz, y apoyó a Martin Luther King, una leyenda de los derechos civiles, para contrarrestar los prejuicios contra los estadounidenses de raza negra en las décadas de 1950 y 1960, en gran medida mediante protestas pacíficas. Una de las experiencias que Heschel relató en aquellas entrevistas fue precisamente su participación junto a King en la gigantesca marcha de Washington en agosto de 1963. En aquella ocasión, cuando los periodistas le preguntaron sobre cómo se sintió al haber participado, él respondió con una frase maravillosa: "¡Fue la primera vez que mis pies rezaron!".

Bien, él participaba regularmente en un programa patrocinado por el Seminario Teológico Judío, que se llamó *La Luz Eterna* y se emitió de 1944 a 1989. La entrevista tuvo lugar un par de semanas antes de que el rabino Heschel muriera de un ataque al corazón a los 65 años. En esa entrevista, Carl Stern le preguntó a Heschel: "¿No sería genial si no tuviéramos problemas?". Ésta fue la respuesta de Heschel:

> Déjame darte una imagen ficticia. Imaginemos que aquí se encuentra un hombre. Y te digo que éste es un hombre sin problemas. ¿Sabes por qué? ¡Él es un idiota! Porque un hombre tiene problemas. Y cuanto más complicado y más rico es, más profundos son sus problemas... La vida es un desafío, y la calamidad de nuestro tiempo es reducir nuestra vida al placer solamente... No estoy en contra del placer, pero la grandeza de la vida es la experiencia al enfrentar un desafío... en lugar de simplemente tener satisfacción.

Me fascina su respuesta, así que quiero preguntarte: ¿Tienes problemas? ¡No hay problema! Eso es lo que trato de decirme cuando empiezo a sentirme agobiado. Y luego me recuerdo que las únicas personas que conozco que no tienen problemas, que nunca tiene un momento de estrés y nunca atraviesan obstáculos que arruinen un día, están todas en el mismo lugar. Allí todo está tranquilo. Todo es sereno. La mayoría de las comunidades tiene al menos una de esas zonas libres de preocupaciones. Los llamamos *cementerios*.

El hecho es que, si todavía respiramos, tenemos problemas. Así es la vida. Y lo creas o no, la mayoría de nuestros problemas pueden ser mejores para nosotros de lo que pensamos. Déjame darte un maravilloso ejemplo de una de las siete maravillas del mundo natural.

Tal vez algunos de ustedes conozcan la Gran Barrera de Coral, que se extiende unos 2 900 kilómetros desde Nueva Guinea hasta Australia. ¿Cuántos de ustedes han estado allí? Yo no, pero me gustaría visitarla algún día. Pues bien, durante una visita, uno de los turistas le hizo una pregunta interesante al guía: "Noté que el lado de la laguna del arrecife se ve pálido y sin vida, mientras que el lado del océano es vibrante y colorido. ¿Por qué pasa esto?".

El guía dio una respuesta interesante: "El coral alrededor del lado de la laguna está en aguas tranquilas, sin ningún desafío para su supervivencia. Se muere temprano. El coral en el lado del océano está siendo constantemente probado por el viento, las mareas y las tormentas, oleadas de poder. Tiene que luchar por la supervivencia todos los días de su vida. A medida que es desafiado y probado, cambia y se adapta. Crece saludable, fuerte. Y se reproduce". Luego agregó: "Así es con todos los organismos vivos".

¿Qué les parece? Cuando somos desafiados y probados, tenemos la capacidad de cobrar vida.

Al igual que los corales golpeados por el mar, tenemos la capacidad de adaptarnos. Las demandas físicas pueden hacernos crecer más fuertes. El estrés mental y emocional puede producir dureza y resistencia. Las pruebas espirituales pueden producir fortaleza de carácter y fidelidad. Entonces, recordemos las palabras de Heschel y recordemos la lección de la Gran Barrera de Coral. Para aquellos de nosotros que tenemos problemas, es bueno para crecer.

Tenemos trabajo que hacer, por dentro y por fuera, para que todos tengamos algo que ofrecer en el mundo. Nuestras acciones concretas y nuestra participación en la vida de los demás pueden transmitir importante atención y apoyo.

¿Recuerdan lo que les insisto en cada encuentro? ¿Por qué algunas personas navegan a través de las tormentas de la vida, mientras que otras son derribadas? La *resiliencia* es la clave. La capacidad de recuperación es la capacidad de recuperarse de experiencias difíciles, como la muerte de un ser querido, la pérdida de trabajo, enfermedades graves, ataques terroristas o incluso estresores y desafíos diarios. La resiliencia es la fuerza del cuerpo, la mente y el carácter que permite a las personas responder bien ante la adversidad. En resumen, la resiliencia es la piedra angular de la salud mental.

La verdadera capacidad de recuperación es mucho más que soportar condiciones terribles. Necesitamos resistencia todos los días para criar una familia, trabajar, lidiar con el estrés, lidiar con problemas de salud, enfrentar problemas con otros, sanar y simplemente continuar.

Carl Jung escribió: "*Yo no soy lo que me sucedió. Yo soy lo que elegí ser*".

Enfrentarás muchas derrotas en tu vida,
pero nunca te dejes vencer.

Maya Angelou

Alguien escribió: "Los cementerios están llenos de sueños incumplidos, innumerables ecos de 'pude haber' o 'debí haber'..., incontables libros sin escribir, incontables canciones sin cantar... Yo quiero vivir mi vida de forma tal que cuando sea llamado al descanso, sea un descanso necesitado por una vida bien vivida, una canción bien cantada, un libro bien escrito, oportunidades aprovechadas y un amor declarado".

Algunos viven con miedo al espejo de la vida. Y es tal el esfuerzo por evitar las malas noticias del espejo, que terminan por no reconocerse a sí mismos. Algunos se esfuerzan en disimular las arrugas del rostro, pero no pueden hacerlo con las arrugas del alma. Otros temen a la vejez, creen que ya no serán necesarios, que serán olvidados. Otros a las enfermedades, especialmente al Alzheimer. Y muchos más a la muerte. A pesar de que el mayor miedo debería ser a no haber vivido.

Cada uno de nosotros está aquí para arreglar algo, para sanar, para volvernos más fuertes. Debemos ser conscientes de que, con cada dificultad, cada fracaso, cada prueba, aprendemos a ser mejores personas, más completos.

¿Y POR QUÉ NO?

Estamos viviendo tiempos emocionales. La crisis del coronavirus puso patas arriba nuestro mundo. Nos ha confinado en nuestras casas, nos ha separado de nuestros seres queridos y nos ha aislado unos de otros. Pero *¿podría también acercarnos más?*

En nuestra era, cuando tantas personas buscan ayuda para relacionarse con sus propios sentimientos heridos y, al mismo tiempo, quieren ayudar a aliviar el sufrimiento que ven a su alrededor, las antiguas enseñanzas son especialmente alentadoras y precisas. Cuando descubro que alguien se cierra a sí mismo y a los demás, trato de mostrarle cómo abrirse. Lo que no se desea y se rechaza en nosotros y en los demás se puede ver y sentir si lo hacemos honestidad y compasión.

Yo como muchos a lo largo de la larga pandemia, también me sentía perdido. Me preguntaba si debería pasar el tiempo leyendo, escribiendo, jugando solitario, trabajando en un rompecabezas de ciudades o viendo repeticiones de viejas series de Netflix y viejos clásicos cinematográficos. Me costaba entender el cierre, la distancia, la magnitud de la cuarentena mundial. *¿Cómo estaban lidiando los demás con esto?*

Diariamente en noticiarios locales, CNN, Facebook o Twitter fuimos testigos de juicios de la tragedia: el hombre infectado que murió solo sin la comodidad de la familia; los rostros de miedo en la ventana; las familias desde la calle sufriendo junto con su ser querido, pero lejos de él; los ataúdes apilados en la morgue; la ineficiencia de los sistemas sociales. Al dar testimonio, sintonizamos con un temblor viviente de tristeza.

Como resultado, construimos una especie de poder de permanencia para estar con el trauma y las lágrimas de nuestro tiempo. En ese extraño momento de distancia social, no pasamos frío. No nos alejamos del mundo, desapasionados y distantes. Más bien, al dar testimonio, procedimos directamente desde el corazón. Reconocimos nuestra propia vulnerabilidad y la vulnerabilidad de todos los que amamos. Al dar testimonio, obtenemos la capacidad de recuperación para vernos a través del tiempo en que estamos ahora y, fortificados con amabilidad, para perseverar en el futuro, pase lo que pase.

En el mundo de las redes sociales del siglo XXI, pasamos bastante tiempo creando una imagen. La ropa que se usa, su maquillaje y peinado, los artículos y las imágenes que cada uno comparte en línea son parte de lo que una persona proyecta de sí misma en el mundo. Reflejan lo que queremos que el mundo vea, sepa y piense de nosotros. Es algo natural que hacemos y, por lo general, no es consciente. Simplemente queremos mostrar nuestra mejor cara. Además, existen normas sociales sobre cómo nos veremos y nos comportaremos en público, ya sea en el trabajo, en la tienda o en el cine.

La ironía del distanciamiento social es que, de alguna manera, nos vimos más que nunca. La tecnología nos permitió organizar reuniones, encuentros familiares, tomar un café o una copa con algún amigo, todo mediante la sana distancia. Por primera vez en mi vida, en 2020 celebré la cena de Pésaj (la cena pascual) apenas acompañado de mi esposa, cuando acostumbramos a ser cerca de 30 personas celebrando. Algunos se sumaron por medio del Zoom, otros tuvieron la terriblemente dolorosa experiencia de tener que despedirse a la distancia de algún ser querido que falleció, y hubo casos en que hasta los propios enlutados directos presenciaron el entierro por Zoom. Ceremonias recordatorias y de pésame como una forma de expresar el cariño y el dolor. También ceremonias de Bar o Bat Mitzvá con gente de todo el mundo acompañando la ceremonia, a veces con personas que no hubiéramos visto de otra manera.

Mi comunidad, como muchas otras en el mundo, colocó servicios religiosos y programas educativos en línea, ¿y saben qué? Hubo una altísima participación. Aparentemente, mucha gente quiso unirse a celebrar o estudiar; claro, ¡porque no tienen que cambiarse la pijama para hacerlo!

Esto me lleva a mi punto. De repente, estos dos lados de una misma situación nos permitieron entrar en la casa del otro, de una manera que nunca había sucedido. Algunos hasta integraron aplicaciones con diferentes fondos, aunque la más común era la biblioteca.

Como rabino, esos meses fueron sorprendentes. Tuve el raro privilegio de ver a mis fieles en su hábitat natural —en sus sofás, en sus mesas, rodeados de sus familias— y de permitirles que me vieran en el mío también. Di conferencias alrededor del mundo a comunidades y grupos de lectores, así como a grupos de padres que perdieron hijos. Todo sin salir de casa. Hasta tuve entrevistas virtuales con personas que querían tratar algún tema personal. Estamos viendo y permitiendo que otros vean algo de nuestro yo real, de nuestro propio mundo personal.

Ciertamente, no elegimos la pandemia. Pero dado que nos vimos atrapados en ella, vale la pena señalar que algo cambió en la forma en que nos relacionamos entre nosotros. Y es algo que no tiene por qué terminar cuando termine el distanciamiento social.

Imagínense la cercanía que construimos, las conexiones que forjamos cuando mutuamente nos dejamos entrar en nuestros hogares. Incluso nuestro distanciamiento representó una oportunidad para enfocarnos en las nuevas formas en las que podemos apoyarnos, conocernos e invitarnos. Ésa fue la bendición mixta de ese momento único.

LO QUE SE ESPERA DE TI

Un hombre murió después de haber vivido una vida bastante gris, ni muy buena ni muy mala; nada especial, nada en particular para ser destacado. No sabía si iría al cielo o al infierno.

Cuando llegó al mundo venidero, la persona a cargo preguntó: "Bienvenido, ¿qué tipo de casa te gustaría tener aquí?". El hombre dio su respuesta y de inmediato apareció la casa. "¿Qué tipo de muebles te gustarían? ¿Qué te gustaría comer? ¿Con qué te gustaría entretenerte?". Y todo lo que el hombre pedía, lo recibía de inmediato. Pensó que estaba en el cielo. Cualquier capricho, cualquier necesidad del hombre, era satisfecha de inmediato.

Al principio le pareció maravilloso, pero lentamente le comenzó a fastidiar. Descubrió que estaba aburrido e inquieto. Después de todo, ¿cuántas cosas podía uno pedir en un solo día? No había metas, no había logros, apenas la satisfacción inmediata. Empezó a sentirse cada vez más infeliz. Pronto, quiso irse. Fue a hablar con la persona que estaba a cargo. "Está bien. Creo que ya tuve suficiente del Paraíso. ¿Puedo ver cómo es el Infierno?". A lo que la persona encargada, con una gran sonrisa, le respondió: "Ya estás ahí".

La primera vez que oí este relato, me pareció una intrigante visión del infierno. No hay llamas, no hay una condena eterna, sólo un lugar donde todas nuestras necesidades están satisfechas; donde no hay trabajo ni ambición, donde la vida está llena de gozos que no tenemos que merecer, *una delicia*, el sueño de cualquiera.

Pero hace mucho tiempo, un rabino llamado Ben Hai enseñó: "De acuerdo con el esfuerzo es la recompensa". Los estadounidenses tienen un dicho similar: "No pain, no gain". Y esto quiere decir que cuando no hay ningún esfuerzo, ningún trabajo o sacrificio, pronto nos damos cuenta de que tampoco hay satisfacción, dicha o recompensa.

Lo que pasa es que muchos queremos una "espiritualidad al instante". Queremos estar cerca de Dios sin el sacrificio del tiempo y el compromiso. Queremos una religión sin exigencias ni responsabilidades y nos olvidamos de que cualquier cosa que vale la pena requiere de mucho trabajo, sacrificio y esfuerzo. Olvidamos el principio de que "*De acuerdo con el esfuerzo es la recompensa*".

Esta verdad sobre lo espiritual se aplica a todo en la vida. Lo que vale la pena requiere de mucho trabajo y sacrificio, incluso de un poco de dolor. Cuesta trabajo obtener buenas calificaciones en el colegio y obtener los títulos. Cuesta trabajo convertirse en un atleta exitoso, un buen músico, un artista, un científico. Cuesta trabajo ver lo que está mal en nuestra comunidad y en el mundo, y hacer el esfuerzo para corregirlo. Cuesta trabajo crear una familia y cuesta trabajo (quizás sea la tarea más difícil de todas) criar hijos con sensibilidad moral y compromiso espiritual.

No hay nada que valga la pena que no requiera nuestro propio sacrificio. Si no fuera así, créanme, seguramente nos sentiríamos como el hombre del cuento, como si estuviéramos viviendo en el infierno.

Recuerden entonces el mensaje de nuestros sabios: para elevarnos espiritualmente, debemos hacer sacrificios. Para alcanzar nuestras metas, debemos aprender a dar lo mejor de nosotros mismos. Y sólo después de que lo hagamos disfrutaremos de la recompensa.

Construimos nuestras vidas de forma distraída, reaccionando en vez de actuar, creyendo que engañamos a otros cuando en realidad nos engañamos a nosotros mismos al no preocuparnos por la calidad de lo que será la base de nuestra propia existencia.

Tu vida actual es el resultado de tus actitudes y oportunidades del pasado. Tu vida futura será el resultado de las actitudes y oportunidades del día de hoy. Piensa en tu vida y constrúyela honesta y sabiamente... porque todos vivimos en la casa que nosotros mismos hemos construido.

Recuerdo que durante mis primeros años en el rabinato, una de mis tareas era la de preparar a los alumnos de Bar Mitzvá*. En la reunión que ocurría pocos días antes de su ceremonia, en mi oficina, les preguntaba: "¿Qué pensabas que Dios esperaba de ti, ahora que según nuestra tradición ya estás convirtiéndote en un hombre?". Siempre obtuve respuestas de todo tipo. Una vez, aún puedo recrear la escena, el joven pensó un momento seriamente y me dijo: "Rabino Marcelo, no estoy muy seguro, pero haga lo que haga, creo que Dios querrá que haga mi mejor esfuerzo".

El camino para alcanzar nuestra paz interna a lo largo del camino depende de aprender a ser pacientes con el hecho de que todos cometemos errores. Y eso es más importante que hacerlo bien. Todo este proceso parece funcionar sólo si estás dispuesto a dar tu mejor esfuerzo, si eres honesto u honesta contigo mientras aprendes acerca de la paciencia. Como ocurre con el resto de las enseñanzas, no se puede ganar ni perder. No puedes simplemente decir: "Bueno, como nunca podré hacerlo, ni lo intentaré". Debes esforzarte en lograr las cosas aún si crees que nunca podrás hacerlo. Te sorprenderás al ver lo que eres capaz de hacer cuando lo intentas.

Y, curiosamente, a eso se suma la apreciación por uno mismo y por los demás. Por ello la respuesta de aquel Bar Mitzvá, hoy un buen padre de familia, un buen profesionista, sigo citándola como una gran respuesta: *"No estoy muy seguro, pero haga lo que haga, creo que Dios querrá que haga mi mejor esfuerzo"*.

¡No te desesperes! Nunca te rindas. Sólo porque las cosas son de un modo, no significa que deban quedarse así. El hecho de que nunca haya sido no significa que nunca podrá ser. ¡No te rindas! Deja que tu vida se convierta en un testimonio de lo que es posible en el mundo.

Que tu respuesta siempre sea: *"No estoy muy seguro, pero haga lo que haga, creo que Dios querrá que haga mi mejor esfuerzo"*.

* Ceremonia judaica que marca el comienzo de las responsabilidades religiosas de los jóvenes al cumplir los 13 años.

El camino de la memoria estaba plagado de creencias y percepciones iniciales que operaban, silenciosas y mortales, entre bastidores. Mi progreso fue desigual. Reelaboré un entendimiento, di un salto adelante y luego me sumergí en la niebla durante semanas. Después de una remisión, salí para trabajar en una nueva pieza del rompecabezas. La oscuridad empezó a aclararse, mi ira disminuyó, mi depresión disminuyó; comencé a respirar.

TINA DAVIDSON

"MANTENGA LA CALMA Y SIGA ADELANTE"

En 1939, al estallar la Segunda Guerra Mundial, el Ministerio de Información del Reino Unido publicó tres carteles para fortalecer la moral y la voluntad popular. El primero expresaba: SU CORAJE, SU ALEGRÍA, SU RESOLUCIÓN NOS TRAERÁ LA VICTORIA; tuvo una tirada de 800 mil ejemplares. El segundo decía: LA LIBERTAD ESTÁ EN PELIGRO; tuvo una tirada de 400 mil. El tercero, con una tirada de dos millones y medio, decía: KEEP CALM AND CARRY ON (Mantenga la calma y siga adelante), encabezado por una imagen de la corona real.

Después de la guerra, la mayoría de los carteles cayó en el olvido, pero en 2004, el propietario de una librería descubrió, entre una pila de viejos libros comprados en una subasta, una copia del tercer póster. Lo puso en la vidriera de la tienda y, como dicen los *millennials*, se hizo viral. Atrajo a muchísimos transeúntes que querían comprarlo.

Percibiendo lo que sucedía, comprobó que los derechos de autor de la corona habían caducado en 1989 y comenzó a producirlo en pósteres, camisetas, tazas, bolsos y todo lo que puedan imaginar. Cualquier cosa. Vendía bien, pero cuando la recesión golpeó a fines de los años 2000, el eslogan fue adoptado por enfermeras en el Reino Unido, fue comprado en grandes cantidades por compañías de servicios financieros estadounidenses y agencias de publicidad y —algo increíble, entre todos los lugares posibles— ¡se convirtió en un *bestseller* en Alemania!

Lo comparto porque el mensaje resalta la necesidad de mantenernos unidos en circunstancias que resultan profundamente inquietantes, de tener la esperanza de que lo peor no va a ocurrir, que debemos estar decididos a enfrentar lo que pudiera venir y seguir adelante con nuestra vida.

En un momento en que tememos a tantas cosas, casi todas ellas completamente más allá de nuestro poder de control, me parece un excelente consejo para mantenernos lo más optimistas posible, para mantener la cabeza en alto mientras todos los otros están perdiendo la suya, y para motivarnos a continuar, lo más normalmente posible, con nuestras vidas.

Bien, ¿cuál debería ser nuestro pensamiento al atravesar las dificultades? En primer lugar, recordarles que apenas somos los administradores de nuestra vida y no sus dueños. ¡Eso ya es una tarea difícil y complicada! Y como la vida es un préstamo, deberíamos ocuparnos de administrarla con nuestro mejor esfuerzo.

Nuestra tradición nos enseña que no podemos hacer lo que queramos con ella y estamos comprometidos con Dios por su préstamo. Si podemos aceptar este concepto humildemente, podremos corregir el camino con más claridad. Pero ¿cómo podemos lograrlo?

Se cuenta que meses antes del fallecimiento de Albert Einstein, un joven estudiante le pidió que le diera su idea del significado y el propósito de la vida.

"Trate de no convertirse en un hombre de éxito —le dijo Einstein—. Mejor trate de convertirse en un hombre de valor. A quien se considera exitoso en nuestros días obtiene más de la vida de lo que aporta. Pero un hombre de valor dará más de lo que recibe. Y ése es el camino a la felicidad".

Qué maravillosa respuesta. Si lo que buscas es alcanzar la felicidad, debes convertirte en una persona de valor. Vivir tu vida reconociendo que es un regalo, y saber aprovechar la nueva oportunidad por la que estás rezando.

El rabino Harold Kushner escribió un libro titulado *Cuando todo lo que usted quiso no es suficiente*. En él describe cómo las personas se esfuerzan por alcanzar ciertos objetivos, pero cuando los logran no son necesariamente felices. Han escalado la montaña y tienen una sensación inmediata de euforia, pero luego se preguntan qué se ganó con todo ese tiempo y esfuerzo.

Kushner las describe como personas que tienen todos los símbolos externos del éxito, pero se sienten huecas por dentro. "Nunca pueden descansar y disfrutar de sus logros. Necesitan un nuevo éxito después de otro. Necesitan la seguridad constante de las personas a su alrededor para disimular su soledad". Éstas son personas de éxito, pero no de valor.

Y épocas como ésta nos recuerdan: "Nos dan segundas oportunidades cada día de nuestra vida", y si no las tomamos, no tenemos derecho a quejarnos porque "están allí esperándonos". Creo que uno de los infinitos regalos de estar vivo radica en tener oportunidades de crecer, de recrearse, de aprovechar una segunda oportunidad. Y, especialmente, en saber utilizarla. Recordamos una vez más el mensaje de Viktor Frankl: "Al hombre se le puede arrebatar todo salvo una cosa: la elección de la actitud personal para decidir su propio camino. Es esta libertad espiritual lo que hace que la vida tenga sentido y propósito".

La vida es como subir a un barco que está a punto de zarpar hacia el mar. Como seres humanos, compartimos la tendencia a luchar por la certeza cada vez que nos damos cuenta de que todo lo que nos rodea está cambiando. En tiempos difíciles, el estrés de tratar de encontrar un terreno sólido, algo predecible y seguro en el que pararse, parece intensificarse. Pero, en verdad, la naturaleza misma de nuestra existencia está siempre en constante cambio. Todo sigue cambiando, seamos conscientes de ello o no. Parece que estamos condenados a sufrir simplemente porque tenemos un miedo profundamente arraigado a cómo son realmente las cosas. Nuestros intentos por encontrar un placer duradero, una seguridad duradera, están en desacuerdo con el hecho de que somos parte de un sistema dinámico en el que todo y todos están en proceso. Así que aquí es donde nos encontramos: justo en medio de un dilema. Y esto nos deja con algunas preguntas provocativas: ¿cómo podemos vivir de todo corazón sabiendo que nuestro viaje llegará a puerto seguro? ¿Qué se siente al darnos cuenta de que nunca podremos conseguirlo todo de manera definitiva?

Las fuentes del Talmud nos enseñan: "Todo depende de mí" (*"Ein hadavar talui ela bi"*). Nuestra vida es nuestra responsabilidad. Debemos tomarla en nuestras manos. Dejemos ya de buscar justificaciones y culpables. Nuestra vida es nuestra responsabilidad. Punto.

Marcel Proust escribió: "Aunque nada cambie, si yo cambio, cambia todo". No podemos cambiar nuestro pasado, pero podemos escribir un nuevo final para la historia de nuestra vida. No seamos indiferentes a una nueva oportunidad. Vivamos nuestra vida y no una vida prestada. Seamos optimistas, mantengamos la cabeza en alto.

Esta imagen va de la mano con la idea de cómo vivimos, cuáles son nuestras actitudes y cómo respondemos a lo que la vida nos presenta. Yo creo que cada uno de nosotros es un artesano de su propia vida, y esto es un principio fundamental de vida. Cada uno tiene la libertad de elegir, la oportunidad de hacer sus propias elecciones. No nos es permitido declarar: "Soy víctima de las circunstancias" o "No me quedaba de otra".

Sin embargo, a lo largo la pandemia encontré pesimismo y desesperanza, decepciones y tristezas. Escuché a muchos declarar: "Me rindo", y a muy pocos manifestar: "Mañana será un mejor día".

La voz interior nos habla. Nos pide no darnos nunca por vencidos, no renunciar, no rendirnos. Nos recuerda que siempre hay un camino para avanzar.

En 1889, en Múnich, Alemania, un maestro de escuela le dijo a uno de sus alumnos de 10 años que tenía dificultad para hablar: "Nunca vas a lograr nada". ¿Saben quién era el estudiante al que le hablaba? Albert Einstein. En 1962, el presidente de la compañía de grabaciones Decca rechazó a un grupo de músicos que querían grabar con ellos. Les dijo: "No nos gusta su sonido". Eran los Beatles. En el siglo XVIII, el Emperador Ferdinando se dirigió al compositor de una ópera después de su estreno y le dijo: "Es demasiado ruidosa". Le hablaba a Mozart sobre su ópera *Las bodas de Fígaro.*

Sin embargo, Einstein, los Beatles y Mozart se negaron a decir "fracasé" o "renuncio". El resto de sus historias ya las conocen. Yo estoy convencido de que hay un Einstein o un Mozart entre nosotros, sólo que ¡aún no se nos revelan!

Año tras año la vida nos insiste: hay esperanza, hay una nueva oportunidad, hay nuevos inicios, hay una nueva página en blanco, hay arrepentimiento. A diario, la vida nos enseña que a pesar de los fragmentos destrozados de días y años difíciles aún vale la pena soñar, tener esperanza.

Parafraseando a Mario Benedetti:

No te rindas, aún estás a tiempo
de alcanzar y comenzar de nuevo,
aceptar tus sombras, enterrar tus miedos,
liberar el lastre, retomar el vuelo.

No te rindas, que la vida es eso,
continuar el viaje,
perseguir tus sueños,
destrabar el tiempo.

Aunque el sol se esconda
y se calle el viento,
aún hay fuego en tu alma,
aún hay vida en tus sueños.

Porque cada día es un comienzo nuevo,
porque ésta es la hora y el mejor momento.

PLANEAR Y PREVENIR

No deja de asombrarme el instinto de sobrevivencia global que nos mueve, y cómo en tan poco nos reinventamos y ajustamos en nuevas formas de vernos y escucharnos, para sentir que no estamos solos, que estamos juntos. Este momento es para reafirmar que, si bien estamos socialmente distantes, estamos espiritualmente cercanos. En este proceso debemos aprender a buscar el arcoíris en cada tormenta.

Nos tocó vivir un momento difícil, amenazante, pero al mismo tiempo con nuevas oportunidades. Como lo dije antes, una de ellas es poder reflejarnos en el espejo y hacernos preguntas. *¿Qué tan lejos estoy de mí mismo? ¿Soy yo o vivo una vida prestada? ¿Soy un turista en mi vida? ¿Cuál es mi melodía favorita? ¿Qué sueños dejé en el camino? ¿Qué aprendí de este momento? ¿Cómo será mi vida cuando esto termine?*

Como lo expresara Charles Chaplin: "El espejo es mi mejor amigo, porque cuando lloro nunca se ríe".

Bien, dado que la vida no viene con un manual de instrucciones, quiero meditar con ustedes sobre varios temas que, casualmente o no, tienen que ver con cómo vivimos y cómo podríamos hacerlo; temas que tienen que ver con el ser interior, con cómo nos vemos y cómo somos. Y, naturalmente, voy a hablarles sobre fe y espiritualidad.

El escritor israelí David Grossman publicó recientemente un texto profundamente reflexivo al respecto, que ahora quiero compartir con ustedes:

> Cuando termine la pandemia, no se puede obviar que habrá quienes no quieran regresar a su vida anterior. Quien, si es posible, dejará un trabajo

que durante años lo asfixió y lo oprimió. Quien decidirá decirle adiós a su cónyuge o pareja, dar a luz un niño o no querer tener hijos. Habrá quienes comenzarán a creer en Dios y quienes dejarán de creer en él. La toma de conciencia de la fragilidad y caducidad de la vida expondrá a las personas a fijarse nuevas prioridades. A distinguir entre aquello que es importante y lo que es inútil. A entender que es el tiempo, y no el dinero, el recurso más preciado. Habrá quien por primera vez se preguntará sobre las decisiones tomadas, las renuncias a compromisos. Sobre los amores que no se han arriesgado a amar. Sobre la vida que no se han arriesgado a vivir.

Por ello les insisto que busquemos una percepción incluyente. Sí, esta situación nos amenazó, nos paralizó por el temor a lo desconocido, nos aisló en nuestra propia vida, en la soledad, nos enfrentó al cuestionamiento acerca del sentido de la vida y el temor a la muerte. Nos señaló nuestra fragilidad, nos separó de nuestros seres queridos, nos bombardeó con información distorsionada y desató una crisis económica que nos amenazó con la pobreza.

Y quiero hablarlo porque como ser humano y como líder religioso es mi responsabilidad señalar una de las realidades que nos llena de desesperanza y dolor, que nos frustra y señala la falta de empatía con el que sufre, con la víctima, con el prójimo. Les confieso que nada me ha preocupado, lastimado y enojado más que ver el sufrimiento del enfermo, del paciente como persona y del mal manejo de la pandemia.

Pienso que en muchísimos países nos tocó enfrentar una crisis ética social, expuesta por la actuación de quienes están a cargo de la salud. La tardía reacción, la improvisación en el manejo de la crisis, la simulación de datos, la revelación de un sistema de salud ineficaz y con recursos superados desde los primeros momentos. Pero también reveló, dolorosamente, la falta de empatía en el trato al ser humano, a quien se ha llenado de promesas incumplidas y maquilladas. El real abandono a los más necesitados.

Cuando las vidas se vuelven estadísticas, estamos en problemas. Cuando las vidas son comparadas con controles del gasto o porcentajes, estamos mal. Cuando gente muere en soledad en el hospital, cuando se pretende incorporar un sistema de selección por edades, estamos en crisis. Son hechos que desnudan la falta de un sistema o proyecto reflexivo de asistencia social. Cuando descubrimos la inexistencia de un plan para el trato a los familiares de pacientes y aquellos que lamentablemente fallecieron, comprendemos el reflejo de las carencias éticas del sistema social vigente. Cuando no hay empatía con las víctimas ni con sus seres queridos; cuando una sociedad elige la "economía" de pruebas sobre la seguridad, cuando descuida a los ancianos… Esto sólo nos anuncia claramente que *esta sociedad vive también una crisis ética, porque el ser humano no es el centro de preocupación, lo es la economía. Algo gravísimo que requiere ser reflexionado con urgencia.*

Como dije antes, nos dedicamos mucho más a ser "bomberos" de incendios declarados en nuestra propia vida que personas dedicadas a planear y prevenir.

Alguien escribió durante aquella crisis:

Escuché que estamos en el mismo bote.
Pero no es así.
Estamos en la misma tormenta,
pero no en el mismo bote.
Tu barco puede naufragar y el mío no.
O viceversa.
Para algunos, la cuarentena es óptima:
momento de reflexión, de reconexión.
Fácil, en chanclas, con tequila o té.
Para otros, ésta es una crisis desesperada.
Para otros, se enfrenta a la soledad.
Para algunos, paz, tiempo de descanso, vacaciones.
Sin embargo, para otros, es tortura: ¿cómo voy a pagar mis facturas?
Algunos han experimentado la muerte cercana del virus,
algunos ya han perdido a alguien de él;
algunos no están seguros de que sus seres queridos lo logren,
y algunos ni siquiera creen que esto sea un gran problema.
Algunos de nosotros que estamos bien ahora
podemos terminar experimentándolo,

y algunos creen que son infalibles
y que nos sorprenderá si esto golpea a alguien que conocen.
Algunos tienen fe en Dios y esperan milagros durante este 2020.
Otros dicen que lo peor está por venir.
Entonces, amigos, no estamos en el mismo bote.
Estamos atravesando un momento
en que nuestras percepciones
y necesidades son completamente diferentes.
Y cada uno emergerá, a su manera, de esa tormenta.
Algunos con un bronceado de su piscina.
Otros con cicatrices en el alma (por razones invisibles).
Es muy importante ver más allá de lo que se ve a primera vista.
No sólo mirar, más que mirar, ver.
Vea más allá del partido político, más allá de la religión, más allá
de la nariz en su rostro.
No subestimes el dolor de los demás si no lo sientes.
No juzgues la buena vida del otro,
no condenes la mala vida del otro.
No seas un juez.
No juzguemos al que carece, ni al que lo supera.
Estamos en diferentes barcos buscando sobrevivir.
Deja que todos naveguen por su ruta, con respeto,
empatía y responsabilidad mutua.

Siempre me pregunté por qué
alguien no hace algo
sobre eso.
Entonces me di cuenta...
yo era alguien.

Lily Tomlin

LA ACTITUD IMPORTA

Entre los sufís hay un relato muy antiguo, transmitido a través de los siglos, que cuenta la historia de un niño atrapado en una situación muy angustiosa, donde la valentía no es una cuestión de enfrentar múltiples desafíos o soportar grandes cargas, sino de deleitarse en medio de lo inevitable de las demandas de la vida.

Una tarde, como muchas veces antes, un niño, Simha, caminó por el borde de la jungla desde el trabajo camino a casa. Este día, sin embargo, se dio cuenta de que estaba siendo acosado por un tigre que permanecía oculto en las sombras y en medio a la abundante hierba. Estaba agazapado en silencio, listo para emboscarlo en un punto estrecho que se acercaba en el camino.

Siendo un niño inteligente y no queriendo ser comida para el tigre, Simha cambió lentamente de dirección y luego, sin previo aviso, corrió rápidamente hacia una cantera de piedra abandonada cercana, donde estaba seguro de que encontraría refugio y estaría a salvo.

Cuando llegó a la cantera, corrió hacia el imponente muro de piedra y, agarrando una enredadera que había crecido por el acantilado, se levantó del suelo y estuvo fuera del alcance del tigre, que llegó segundos más tarde para apresarlo. Para su alivio, el tigre rugió y saltó, pero no pudo alcanzarlo.

Cuando Simha pensó que el peligro había pasado, de repente notó que un segundo tigre, que no había visto antes, estaba parado pacientemente en el otro extremo de la planta trepadora. Abajo, pudo ver un tigre caminando y gruñendo; arriba, pudo ver a otro listo para atacar.

La situación se volvió precaria. Por si fuera poco, mientras él reflexionaba sobre su angustiosa circunstancia, Simha vio un par de ratones que jugaban entre las enredaderas y la vegetación. Uno era negro, el otro blanco, y ambos mordisqueaban la enredadera que suspendía a Simha a lo largo del acantilado y entre los dos tigres. Cada bocado deshilachaba más la planta trepadora y la situación de Simha se hacía cada vez más inestable.

Mientras miraba a su alrededor, notó entre el follaje un fruto rojo deslumbrante, perfectamente maduro. Por un momento se maravilló de lo que descubrió, estirándose para tratar de recoger el fruto. Lo sostuvo en su mano y vio que estaba completamente maduro; sonrió y lo saboreó con una sonrisa en su rostro y con la sensación de un momento de placer especial en medio del peligro.

Ahora, como con la mayoría de las historias en las que literalmente nos quedamos con las dudas, podemos preguntarnos: "¿Qué pasa después? ¿Simha logra escapar? ¿Cómo burla a los tigres?".

Pero en este caso no hay respuestas para estas preguntas, porque no es en la respuesta, sino en el sabor del fruto, que aprendemos la lección de la historia de Simha.

Los sabios sufís comparan cómo en muchos aspectos, las circunstancias de Simha reflejan donde todos nos encontramos como seres humanos. El tigre de la muerte está siempre presente, a veces invisible, pero siempre acercándose. Y al igual que Simha, podemos tratar hábilmente de evitarlo, pero debemos reconocer su presencia, así como la persistente realidad del peligro. Joven o viejo, rico o pobre, exitoso o luchando, sano o enfermo, el tigre espera a todos por igual.

Y explican también que los ratones en blanco y negro nos distraen, robándonos el control sobre nuestras vidas: roen por igual nuestra esperanza y nuestro miedo, las cortesías y las culpas, el éxito y el fracaso.

Pero, en medio de lo que para muchos de nosotros sería desesperado, o sombrío, el personaje en medio de la tensión se deleita en un simple gesto: probando un fruto rojo que apareció frente sus ojos. Y es aquí donde descubrimos una verdad formidable acerca de vivir sin miedo. Ser humano es enfrentar circunstancias verdaderamente difíciles, sin duda: enfermedades, pobreza, tragedias y frustraciones de todo tipo. Sin embargo, para todos nosotros, siempre existe la posibilidad de deleitarse: despertar a las maravillas de la vida. Beber un vaso de agua, vislumbrar el cielo azul, acariciar otro rostro, dar un abrazo, mirar a otra persona a los ojos, comer un fruto rojo maduro, escuchar una melodía que nos ayuda a evocar emociones…

Apreciar nuestras vidas de forma natural, casi sin esfuerzo, de esta manera, justo en medio de los tigres y ratones de la vida, requiere que reconozcamos con valentía algo poderoso sobre nuestro dilema humano, algo que es rojo, deslumbrante y maduro. Tal vez justo a nuestro alcance esté este momento, que podemos hacer maravillosamente delicioso, pero sólo si tenemos el valor de reconocerlo.

Michael Carroll, de quien leí este relato en un pasaje de su libro *Fearless at Work*, nos recuerda que los hechos feroces de la vida son inevitables, pero no toda la historia, porque vivir una vida sin miedo requiere que probemos la vida por completo. Y lo que Simha se da cuenta al probar ese fruto, y de lo que todos podemos darnos cuenta en nuestras vidas, va mucho más allá de contar nuestras bendiciones en medio de las dificultades de la vida. O sea, en medio de las dificultades que la vida nos presenta, debemos contar nuestras bendiciones y disfrutar los buenos momentos. El mensaje trata de aceptar una invitación para ser deliciosamente humanos, momento a momento, por el resto de nuestras vidas.

Conozco muchas personas cuyas vidas están dominadas por tigres que las paralizan del miedo; mientras tanto, se olvidan de observar las bendiciones que al mismo tiempo forman parte de sus vidas. Y así se pasan los días de largo, sin saborear los frutos que les dan el toque de equilibrio y la esperanza.

Me pareció importante transmitirles este mensaje. Estamos viviendo tiempos complicados, con los tigres amenazantes de la pandemia y aquellos ratones blancos y negros que nos distraen y debilitan, como las pérdidas, la inseguridad, la soledad y la incertidumbre.

Sin embargo, los seres humanos tenemos el potencial de enredarnos en viejos hábitos y el potencial de amarnos y cuidarnos el uno al otro. Tenemos la capacidad de despertar y vivir conscientemente, pero, como habrán notado, también tenemos una fuerte inclinación a permanecer dormidos. Es como si siempre estuviéramos en una encrucijada, eligiendo continuamente qué camino tomar.

Y no lo estamos. *Creemos* que siempre lo estamos. Debemos aprender a darnos el tiempo para saborear el fruto que nos da la felicidad. Momento a momento podemos elegir ir hacia una mayor claridad y felicidad, o hacia la confusión y el dolor. Por eso se trata de aceptar una invitación para ser humanos, momento a momento, por el resto de nuestras vidas.

La vida nos hace preguntas, demanda respuestas, coloca tigres agazapados, personas y situaciones que nos crean inseguridad, y esto es parte de la dinámica de estar vivos. No es mala suerte, no es una maldición, no es fracaso. Porque si en lugar de huir tratamos de responder las preguntas que nos hace la vida, podremos darnos cuenta del significado del momento presente, que no sólo cambia de una hora a otra, sino que también cambia de persona a persona: la pregunta es completamente diferente en cada momento para cada individuo.

Cada día debemos enfrentar múltiples desafíos, soportar cargas que pensamos insoportables. Cuando creemos estar atrapados en el camino, es justo cuando debemos encontrar la respuesta a la pregunta: "¿Qué vida quiero?".

Debemos despertar, debemos estar alertas, decidir el camino y, especialmente en medio de las demandas de la vida, aprender a encontrar el deleite de los momentos que nos vuelven humanos. En una palabra: *cambiar.*

Cambiar nuestra actitud, cambiar nuestra estrategia, cambiar las cosas negativas que nos hunden y hacen más lento el viaje de nuestras vidas. Como enseñó Albert Einstein: "Los problemas importantes que enfrentamos no se pueden resolver con el mismo nivel de pensamiento en el que estábamos cuando los creamos".

Además, si Einstein está en lo cierto y la definición de locura es hacer lo mismo una y otra vez mientras se espera un resultado diferente, también sería una locura pensar que sin un cambio de panorama y acción podemos esperar una respuesta diferente.

Entonces, en vez de preguntarte: "¿Qué me mantiene despierto por la noche?", pregúntate: "¿Qué me saca de la cama por la mañana?".

Todos estamos luchando por dentro
una batalla que nadie conoce.

PRUEBAS

Durante los años más fuertes de la pandemia hubo poca alegría en nuestro planeta, pero eso nunca puede ser un estado permanente. Yo me lo repito cada día. Me recuerdo a mí mismo que debo dejar de preocuparme por lo que puede salir mal y tratar de entusiasmarme por lo que puede salir bien. La verdad que nos negamos a aceptar es que toda nuestra soberbia acerca del armatoste teórico basado en la superioridad de la cultura sobre la naturaleza es nada frente a un virus.

Permanezcamos socialmente distantes, espiritualmente cercanos. Sólo les pido que naveguen por su ruta con respeto, empatía y, especialmente, responsabilidad. Y, por favor, no sean indiferentes al dolor y a las necesidades del prójimo.

¿Será que debemos aprender a ver la vida como un salón de clases y cada experiencia como un examen para determinar no *cuánto* sabemos, sino *qué y quiénes somos*? ¿Sientes que cada prueba es una oportunidad para mostrar a Dios y a ti mismo qué tan grande es tu fe y cuál tu valor? ¿Es éste el secreto de la vida? ¿Será esta la actitud que debemos adoptar para tornar nuestra vida significativa?

La honestidad de nuestra respuesta y de nuestra actitud marcará la diferencia en nuestra vida.

Piensen por un instante. ¿Quién está libre de enfrentarse a pruebas difíciles a lo largo de su vida? La actitud, el valor y la fe con la que las enfrentemos mostrarán de qué madera estamos hechos.

En la Biblia, Dios probó al patriarca Abraham. Y de igual manera prueba a cada uno de nosotros. Cada día es día de examen. Como familia, somos probados. Como hija o hijo, como padres, como abuelos, somos probados. El doctor que atiende a su paciente está siendo probado en su entrega. La enfermera en su frente de batalla. El abogado está poniendo a prueba su integridad. El rabino al aconsejar, el periodista en su objetividad, el maestro ante sus alumnos, el estudiante ante su maestro, el hombre de negocios ante sus empleados. Cada uno es puesto a prueba. Y nadie, *nadie*, está exento de su prueba. Por ello les digo que las *dificultades* prueban nuestro valor. Los *fracasos* prueban nuestra perseverancia. El *éxito* prueba nuestra gratitud.

Dios quiere saber si te atreves a soñar, si hay ideales en tu corazón. Si tienes conciencia de que eres prisionero o prisionera de la esperanza. No le interesa la edad que tengas. Quiere saber si vas a correr riesgos por la aventura de vivir. Quiere saber si estás vivo o si te has marchitado por miedo a sufrir más dolor. No le interesa saber dónde vives o cuánto dinero tienes. Quiere saber cómo ayudas al necesitado, al hambriento, al enfermo. Quiere saber cómo tratas a tu esposa, a tus hijos, a tus padres. Quiere saber si has dado consuelo o has dado la espalda. Quiere saber si puedes estar solo contigo mismo y estar a gusto. Quiere saber si vives con algún propósito o si apenas existes. Quiere saber el sentido del tiempo en tu vida. Quiere saber si eres capaz de cambiar. Y que nunca seas un turista en tu vida.

No lo dejes para después. Ésta es la amenaza y la oportunidad.

"¿Después? Después el café se enfría. Después la prioridad cambia. Después el encanto se pierde. Después lo que era temprano se vuelve tarde. Después la nostalgia pasa... No dejes nada para después, porque en la espera del después puedes perder los mejores momentos, las mejores experiencias y los sentimientos más profundos".

Les pido que se cuiden, pues cada uno y cada una cuenta y es querido o querida. Cuando se acerquen a otra persona, no juzguen, piensen que ellos, como ustedes, pueden estar en medio de una crisis, o una enfermedad, o la dificultad económica, o perdieron a un ser querido. No sólo se siente dolor en el momento presente, ya sea debido a la pérdida de la conexión física, la disolución de los límites entre el trabajo y el cuidado o la pérdida de un trabajo o un ser querido, sino como humanos, la única especie capaz de contemplar el futuro, también estamos afligidos por lo que puede suceder o no.

Cuando esto termine, con compromiso, con valor, evalúen su prueba y levanten vuelo a nuevas alturas. Recuerden: *debemos aprender a buscar el arcoíris en cada tormenta.*

Sé tú mismo, sé tú misma. Que Dios no te dé lo que quieres. Que Dios te dé lo que necesites.

SALIR RENOVADOS DEL ARCA

Leí que cuando Isaac Newton se quedó aislado en su casa para evitar la peste negra, descubrió las leyes de gravedad, la óptica y el cálculo. Sin pretender molestarlos ni compararlos con Newton, ¿a ustedes cómo les fue en la pandemia? Yo descubrí dos cosas nuevas: que soy una amenaza para mi báscula (hace unos días me pesé y el mensaje decía: "De a uno, por favor") y que por varios meses no me puse un traje ni ¡corbata!

Aunque no pasa de una broma, estoy seguro de que cada uno descubrió algo en ese aislamiento que pudo aplicar a su vida personal. Sobre eso, me gustaría preguntarles: ¿cuál fue su mayor miedo en este proceso?

En su libro, *Weather*, Jenny Offill comparte que el fallecido científico climático Frank Sherwood Rowland le comentó un día a su esposa, al regresar de su laboratorio: "El trabajo va bien, pero parece que podría ser el fin del mundo". Yo quiero cambiar el sentido de la pregunta: parece el fin del mundo, pero el trabajo podría estar yendo bien. ¿Puede una pandemia ser una promesa? ¿Puede una maldición ser una bendición? ¿Puede un final ser un comienzo?

Imaginen. Miles de millones de personas en todo el mundo estuvieron bloqueadas durante meses. Cuatro millones y medio de personas fueron infectadas con un virus implacable y cientos de miles murieron. Las economías se derrumbaron. Las cadenas de suministro colapsaron. El hambre se extendió a medida que desaparecieron los empleos y creció la tensión financiera. Se mataron animales y se desperdiciaron alimentos, ya que los agricultores carecían de redes de distribución y condiciones de trabajo seguras. La gente moría sola. Las familias estaban separadas. Los amigos están aislados. Las comunidades humanas están distanciadas. La ansiedad y la depresión fueron rampantes. Los estudiantes luchaban para estudiar y los maestros para enseñar. Los trabajadores de la salud (médicos, enfermeras y todo el personal de clínicas y hospitales) estaban agotados física y mentalmente. Los investigadores estaban desconcertados. Y los gobiernos buscaron ocultar sus mentiras y desinformación, mientras perdían la credibilidad y aumentaba nuestra inseguridad.

Y no obstante… los ecosistemas son resilientes. Los cielos son azules. El aire está limpio. Los animales recuperaron sus espacios perdidos. Las familias se acercaron. Los amigos se comunicaron constantemente. Las comunidades se organizaron. La intimidad aumentó. Muchos aprendieron nuevas habilidades. Las cocinas caseras estuvieron llenas de comidas compartidas. Los clubes sociales en línea florecieron. Se recalibraron las prioridades. Se reconocieron las injusticias sociales. Los científicos obtuvieron nuevos bríos. Los descubrimientos abundaron. Las escuelas adoptaron la innovación. La creatividad y la colaboración desplazaron la competencia. La música fluyó. La gratitud se hizo ver. La solidaridad creció. La espiritualidad nos consoló.

Para volver a la reflexión sobre si una bendición puede ser una maldición, o viceversa, recordemos un cuento chino con moraleja judía: la historia del caballo perdido.

Hace mucho tiempo, en un pueblo de China, vivía un hombre que era dueño de un magnífico caballo. El animal era tan bello que personas venían desde muy lejos sólo para admirarlo. Todos le decían al hombre que había sido bendecido al poseer tal caballo.

—¿Quién sabe? —decía él—. Lo que parece una bendición puede ser una maldición.

Un día, el caballo escapó y salió corriendo. La gente vino para decirle al hombre lo mucho que lo sentían por su mala suerte.

—Tal vez —dijo el hombre entonces—. Pero lo que parece una maldición puede ser una bendición.

Algunas semanas después, el caballo regresó, seguido de veintiún caballos salvajes. Por la ley de la tierra, todos esos caballos se convirtieron en su propiedad. Ahora era un hombre rico en caballos. Sus vecinos vinieron a felicitarlo.

—En verdad —dijeron—, usted ha sido bendecido.

—Quizás. Pero lo que parece ser una bendición puede ser una maldición.

Poco después, el hijo de aquel hombre trató de montar uno de los caballos salvajes. Su suerte fue tal que el caballo lo arrojó, rompiéndole la pierna.

—Seguramente —dijeron los vecinos—, ha sido maldecido.

—Tal vez —dijo nuevamente el hombre—. Pero lo que parece una maldición puede ser una bendición.

Una semana más tarde, el rey pasó por el pueblo para reclutar a todos los jóvenes aptos para una horrible guerra contra el pueblo del norte. Todos los hombres de aquella aldea que fueron a la guerra fueron asesinados. Sólo el hijo del hombre de los caballos sobrevivió, pues debido a su pierna rota no fue convocado a la lucha.

Hoy en día, en ese pueblo aún se mantiene el dicho: "Lo que parece una bendición puede ser una maldición. Lo que parece una maldición puede ser una bendición".

Cómo sucede este milagro —que convierte de maldiciones en bendiciones y viceversa— no lo puedo decir, porque es diferente cada vez. Pero sí sé que es algo que hacemos que pase a través de la fe, el amor y la compasión. Y cuando sucede, nos quedamos con una historia.

Sé que algunos estarán pensando que estoy refiriéndome a la vieja idea del vaso medio vacío o medio lleno. Ese adagio corre el riesgo de congelar el tiempo, pero no podemos hacerlo. No podemos darnos el lujo de quedarnos quietos. El tiempo puede parecer que se mueve lentamente, pero no es así. Avanza y nos lleva consigo. Lo que tenemos, al menos por ahora, es la potestad de decidir hacia dónde vamos o queremos ir. Pero no vamos a volver atrás, eso es seguro.

El escritor mexicano Carlos Fuentes escribió: "El pasado humano se llama memoria y el futuro humano se llama deseo". Para bien y para mal, la pandemia desafió muchos de nuestros supuestos y alteró muchos de nuestros comportamientos. La política, la salud, las finanzas, el trabajo, la movilidad, la familia, el amor, la religión, la identidad, la cultura y el clima son áreas de la vida que repensaremos a medida que nos renovemos. *¿Qué habremos aprendido de nosotros mismos y de los demás de esta crisis que llevaremos al mundo a medida que lentamente y con cuidado volvemos a una nueva normalidad?* ¿Qué habremos aprendido de nosotros mismos y de los demás de lo que dejaremos atrás mientras re-imaginamos la vida, no sólo a raíz de covid-19, sino también en la era de pandemias potenciales?

Estas preguntas pertenecen no sólo a salas de juntas y salones de profesores, laboratorios, gabinetes políticos y de gobierno, publicaciones periódicas y podcasts. Pertenecen a las mesas de la cocina y a los chats familiares de Zoom. Pertenecen a nuestros diarios personales y a nuestras oraciones.

Las lecciones son muchas. Pero hay una que, para mí, debería enmarcarlas a todas, un peligro que se convierte en nuestro potencial: nuestra fuerza sólo puede surgir del reconocimiento de nuestra vulnerabilidad compartida.

La forma en que hacemos negocios, la forma en que construimos comunidad, la forma en que amamos, la forma en que nos protegemos y protegemos a otros, la forma en que curamos, la forma en que ayudamos a los más afectados y la forma en que cuidamos nuestro planeta nos recompensarán sólo cuando reconozcamos nuestra fragilidad mutua.

Lo que me lleva a pensar acerca de cómo deseamos escribir el próximo capítulo de la historia humana aquí, en la Tierra.

Tal vez un punto de referencia podemos encontrarlo en el Pentateuco, en el tercer libro, Levítico. En sus capítulos finales somos orientados a escoger bendiciones y maldiciones. Pero todos sabemos que la vida nunca se divide tan claramente. No es una tarea tan sencilla. Dios nos otorga el libre albedrío y nos da la oportunidad de utilizar nuestro propio criterio. Y nos ayuda a tomar la decisión: elegiremos la vida.

Siempre debemos elegir la vida. Podemos convertir maldiciones en bendiciones, pues somos prisioneros de la esperanza y cualquier oscuridad que nos afecte debemos transformarla en luz, en vida, en bendición.

Así lo presenta este texto que ha circulado en internet con el título "Encierro":

Sí, hay miedo. Sí, hay aislamiento. Sí, hay compras de pánico. Sí, hay enfermedad. Sí, hay hasta muerte.

Pero dicen que, en Wuhan, después de muchos años de ruido, puedes escuchar los pájaros otra vez. Dicen que después de algunas semanas de quietud, el cielo ya no está lleno de smog, sino azul y limpio. Dicen que en las calles de Assisi la gente se canta unos a otros frente a parques vacíos, dejando sus ventanas abiertas, para que aquellos que están solos puedan escuchar sonidos de familia a su alrededor. Dicen que en un hotel al oeste de Irlanda están ofreciendo comida gratis y enviándola a aquellos que están confinados en sus casas.

Hoy, una mujer que conozco está ocupada repartiendo volantes con su número de teléfono, así los adultos mayores tienen alguien a quien llamar. Hay iglesias, sinagogas, mezquitas y templos que están preparándose para recibir y dar refugio a los que no tienen hogar, los enfermos y hasta a los que llegan allí en busca de esperanza.

En todo el mundo la gente está desacelerando y reflexionando. En todo el mundo la gente está mirando a sus vecinos de una nueva manera. En todo el mundo la gente está despertando a una nueva realidad, a ver cuán grandes somos realmente, a ver qué poco control tenemos de las cosas, a ver lo que de verdad importa, al amor.

Por lo tanto, rezamos y recordamos que sí, hay miedo, pero no tiene que haber parálisis de sentimientos. Sí, hay aislamiento, pero no tiene que haber soledad. Sí, hay compras de pánico, pero no tiene que haber perversidad. Sí, hay enfermedad, pero no debe haber almas enfermas. Sí, hay hasta muerte, pero siempre puede haber un renacimiento del amor. Abre tus ojos para ver como escoges vivir tu vida hoy. Hoy respira. Escucha. Detrás del ruido de la fábrica de tu pánico, los pájaros están cantando otra vez. El cielo se está limpiando. La primavera está llegando y nosotros estamos siempre rodeados de amor. Abre las ventanas de tu alma y, aunque no puedas acercarte a nadie, a través de los parques vacíos, canta.

Y no olvides las palabras de Maya Angelou: “Un pájaro no canta porque tiene una respuesta, canta porque tiene una canción”. ¿Cuál es la tuya?

Justamente una de esas reflexiones a las que me refería fue expresada de manera conmovedora por Enrique Krauze en un mensaje escrito a su mamá por el día de la madre:

> Llevas muy dignamente el confinamiento, madre, a tus casi 95 años. Quizá es la voz de tus ancestros, la memoria de sus confinamientos en los guetos hacinados de Europa o los pequeños pueblos de Polonia. O es el recuerdo de tu abuela Perla, confinada con lo que quedaba de su familia en su propia ciudad de Bialystok y después en Treblinka, de donde no salió más. Frente a esos confinamientos, el tuyo, el nuestro, es casi la libertad. O quizá comprendes que la vejez misma es un paulatino confinamiento hacia ti misma, hacia tu origen, hacia tus recuerdos y tus afectos primeros, los más profundos. Y entonces descubres que no estás sola, que todas esas ausencias son presencias que te acompañan. Pero además estamos nosotros, los presentes ausentes, que procreaste. Te cobija un árbol de tres generaciones que plantaste. Por eso te escucho tan serena en el teléfono. Lo que más aprecio cuando hablamos es tu preocupación por México. "¿Quién defiende a México?", me dijiste cándidamente hace poco. Era como si me dijeras "¿Quién defiende al país que nos dio cobijo, nuestra casa común, el hogar de todos?". Eso sí te aflige, eso sí te desespera, y tienes razón. Me hubiera gustado llevarte flores. Será el año que entra.

Lo leí emocionado, y me pregunté: ¿será la nostalgia nuestra nueva normalidad? Durante cientos de años, los médicos pensaron que la nostalgia era una enfermedad. Ahora es un nombre para nuestra condición moderna.

Existe la sensación que la palabra describe, por supuesto: un anhelo fundamentalmente imposible, un anhelo de retroceder incluso cuando somos impulsados incesantemente hacia adelante, empujados incluso más lejos de nuestro deseo, mientras nos sentamos a contemplarlo. Pero el sentimiento, tan real, resiste sin cesar cualquier intento de darle forma o sentido. Si decimos que nos sentimos nostálgicos, en general o sobre algo en particular, rara vez necesita una explicación, y de todos modos probablemente no haya una buena explicación: ¿por qué debería ser el olor de las galletas de nuestra abuela o la sensación de un suéter en particular o la vista de cierto árbol en cierto lugar, o la melodía que cantaban nuestros padres, o sus risas y llantos, y no otra cosa, lo que nos envía a buscar hacia atrás? ¿Por qué no me he sentido así durante tanto tiempo? ¿Por qué eso importa?

Y eso supone que incluso se nos ocurre interrogar esta repentina fiebre: una de las cualidades más persistentes de la nostalgia es su capacidad para eludir la razón. Entonces, la nostalgia significa literalmente "dolor asociado con el hogar" o, en términos un poco más familiares, "nostalgia del hogar" y la reconciliación con nosotros mismos.

Una de las verdades más incomodas con las que la nostalgia nos ayuda a lidiar es el hecho de que rara vez sabemos cuándo terminan las cosas. Casi todas las ocasiones trascendentales ampliamente aceptadas de la vida son esos raros momentos en los que estamos definitivamente, conscientes de que algo ha pasado: nacimientos, graduaciones, bodas, fiestas de cumpleaños, enfermedades y funerales. Sin embargo, para todos esos grandes momentos de transición hay miles de finales diarios, menos obvios y, a menudo, profundamente más significativos de los que nos damos cuenta sólo en retrospectiva, ya sea que su finalidad se apodere de nosotros a través de los siglos o se anuncie con una repentina nostalgia. ¿Cuándo fue la última vez que tu hija se durmió en tu pecho? ¿La última vez que tomaste una copa con tu mejor amigo? ¿La última vez que comiste pasta en tu restaurante favorito? ¿La última vez que acariciaste a tu perro? ¿La última vez que te sentiste como un niño? ¿La última vez que una canción te hizo llorar? (De paso, me gustaría que pensaran en su canción favorita para esos días de intensa nostalgia.) ¿Cuándo fue la última vez que abrazaste a tus padres? ¿A tu pareja? ¿A tus hijos? ¿Cuándo fue la última vez que pediste perdón? ¿Cuándo fue la última vez que hiciste algo por primera vez? La nostalgia nos obliga a tomar conciencia de que no sabemos lo que tenemos hasta que se haya ido y ni siquiera sabemos cuándo se irá.

La idea de que las cosas continuarán para siempre es una simple ilusión de nuestra parte (nos decimos a nosotros mismos: "todas las cosas pasan", etcétera), pero a medida que avanzan las ilusiones, la nostalgia seguramente es una de las emociones más comprensibles, si no la más fundamentalmente necesaria. El conocimiento de que la vida es fugaz es apenas digerible en retrospectiva; en tiempo real es debilitante. Anhelamos volver porque la vida está llena de pérdidas, hasta el final. No hay vuelta. *Back to the Future* es una gran película, pero sabemos que no existe fuera de Hollywood. La verdad es que nunca nos graduamos en haber aprendido a perder, a separarnos, a despedirnos. Tenemos fecha de caducidad, pero ingenuamente pensamos que seremos eternos.

Y eso nos hace vivir en un permanente estado de temor y ansiedad. Miedo de nuestro pasado, de la enfermedad, del envejecimiento; miedo de perder las cosas que más queremos. Es el miedo latente que está a la vuelta de la esquina.

Pero les diré algo: no tiene que ser así. Porque cualquier inquietud por el pasado y cualquier ansiedad por el futuro desaparecen cuando descubrimos el poder del momento presente. Quiero ayudarlos en la tarea. ¿Por dónde comenzar?

Alguna vez leí que el arte de vivir está entretejido con el arte de la renovación. También, que la diferencia entre un objeto inanimado y uno animado es que mientras uno siempre permanecerá como fue creado, el segundo se desarrolla y cambia continuamente. Y se me ocurre que lo mismo sucede con las personas. Aquellas que viven sin renovarse, pueden ser descritas más como seres existentes que como seres vivientes. Porque el mayor desafío que nuestra vida enfrenta es el peligro de volvernos obsoletos. Piensen en los dinosaurios. Sin adaptarse a un medio en cambio constante, terminaron desapareciendo (claro está, con excepción de los políticos).

Y éste es un desafío que este momento plantea a nuestra historia personal y universal. Renovarnos, recrearnos, escribir una nueva página en la historia de nuestra vida. Es eso o permitir que la rutina nos transforme en personas que existen, pero sin vida propia. Existir como pequeños seres humanos con una historia prestada.

Porque si ignoramos el desafío de escribir *nuestra* historia personal, entonces viviremos la vida de otros; la existencia será una rutina a la que la falte el ingrediente principal de la vida: *la pasión*.

Por ello insisto en que renovarse es esencial para la vida. *Renovarse es la propia definición de la vida.*

Los días de nostalgia y aislamiento nos desafiaron a rearmar los fragmentos de nuestro rompecabezas personal, a reconocer nuestra historia, saber quiénes somos, qué queremos y, especialmente, adónde vamos.

Y así, simbólicamente, les invito a que imaginemos por algunos minutos. Cerremos los ojos e imaginemos que tenemos en las mano el Libro de la Vida, de *nuestra* vida. Al abrirlo, a partir de la primera página, reconocemos una historia familiar. Conforme pasan las páginas, revivimos cada tema. Evocamos nuestras alegrías y tristezas, nuestros éxitos y fracasos, nuestros esfuerzos y apatías, nuestras esperanzas y temores, nuestras lágrimas y sus risas, nuestros enojos y reconciliaciones. Evocamos viejas personas, lugares, melodías, olores y sabores. Vemos a todos los que tocaron nuestra vida: algunos que están a nuestro lado, otros que ya partieron y algunos más que han tomado caminos separados. Vamos pasando las páginas, hasta que sorpresivamente llegamos a una última página que está en blanco.

Tiene la fecha de hoy pero, como las páginas que le siguen, está en blanco. ¿Qué escribiremos? ¿Viejas historias que ya hemos escuchado, repetido y ensayado muchas veces? ¿Creación o rutina? ¿Seremos capaces de vivir y crear nuestra propia historia o existiremos con una historia prestada? ¿Qué elegiremos recordar?

Renovarse es esencial para la vida porque renovarse es la propia definición de la vida. ¿Una historia propia o una historia prestada? ¿Existir o vivir? ¿Tenemos el valor de hacerlo? Lo más importante es que sea una historia propia y única. Que sea *nuestra* historia.

Y también recordemos. No temamos recordar. Debemos aprender a buscar el arcoíris en cada tormenta. Nuestra vida, la suma de nuestros momentos, nuestros recuerdos, nuestras emociones, nuestras experiencias, lo que hemos guardado en el almacén de las memorias, nos ayudarán a escribirla.

La vida es una buena maestra y amiga. Las cosas siempre están en transición, si sólo pudiéramos darnos cuenta. Nada se resume en la forma en que nos gusta soñar. Podemos abrir nuestros corazones y mentes más allá del límite. Estamos a un parpadear de ojos de estar completamente despiertos o despiertas. No podemos cambiar el pasado, pero podemos escribir un nuevo final para nuestra historia personal.

Yo sé que la vida es desafiante. Tiene que serlo. Porque al enfrentar los desafíos veremos nuestras partes más frágiles, focalizaremos lo que nos falta, lo incompleto. Al buscar esa totalidad, ese ser que a diario se acerca un paso más a su mejor versión, es la verdadera forma de escribir nuestra historia personal y reconocernos. Poder internalizar la sabiduría de la tradición para lograr una verdadera transformación del ser interno. Ésa es nuestra tarea, nuestro desafío. Que podamos transformarnos en seres humanos completos, con compasión, memoria, deseos, sueños, propósitos, generosidad, fe, esperanza, espiritualidad, ética, entre otros.

Tras la pandemia del covid-19, el mundo probablemente cantará una melodía similar, pero con una nota diferente (lo que mis amigos músicos llaman "modulación"), a medida que construimos una nueva civilización, con suerte en un plano más alto que antes.

Como algunos reclaman una nueva atención al cambio climático, esto también puede considerarse en un contexto espiritual y comunitario, haciendo más permanente el "clima mejorado" con "aire más limpio", de comprensión y desinterés, que hemos visto por muchos, especialmente los primeros en responder, durante este tiempo de prueba. Cuando hacemos eso, no sólo nos sentiremos mejor, sino que seremos mejores.

Hemos sido sumergidos sin previo aviso en una dimensión personal nunca experimentada. Cada individuo o familia ha tenido que crear sus propios espacios espirituales designados. Como resultado de este repentino distanciamiento social y aislamiento, muchos de nosotros ahora sabemos muchas cosas que antes no sabíamos. Como mínimo, nos conocemos mejor, más profundamente, y somos más conscientes de lo que realmente nos importa y de quién se preocupa realmente por nosotros.

Lentamente volvemos a la normalidad, sea lo que sea que signifique esa palabra, pero hasta entonces, la oportunidad de una introspección muy real y la proximidad a nuestros seres queridos y Dios como resultado de incluso esta experiencia es espiritualmente bienvenida y propicia.

Al igual que Noé en los tiempos del diluvio bíblico, nosotros también, en cierto sentido, nos hemos construido un arca en las últimas semanas y allí permanecemos. Cuando las tormentas e inundaciones figurativas nos golpean, nos dirigimos a refugiarnos en esa arca, un lugar que nos brinda la seguridad que necesitamos.

Pero cuando esa inundación termina y esas lluvias torrenciales disminuyen, necesitamos tomar la señal y "salir" del arca; o en este caso, la "palabra" y la comodidad que fue capaz de proporcionar y "llevarla con nosotros". Uno no puede permanecer protegido para siempre. Es escapismo. Dios mismo, como lo hizo con Noé, nos ordena: *"Sal del arca"*.

Necesitamos volver a nuestro mundo y nuestra rutina, por así decirlo, y comenzar a reconstruir la civilización. Si sabemos una cosa, es que el mundo que enfrentamos no será el mismo que antes, en términos muy reales. Claro, las carreteras, los edificios y otras infraestructuras sobreviven, pero nosotros y nuestro mundo somos diferentes y lo seguiremos siendo por un tiempo.

Habiendo prescindido de tantas necesidades antes percibidas durante meses, algunas cosas se volverán casi obsoletas. Las relaciones y las prioridades se reorganizarán en un nuevo orden de prioridad. Ver a tantas personas pasar tan repentinamente entre nosotros sin duda nos da una pausa, individual y colectiva. Demasiadas personas vieron a amigos y parientes relativamente sanos ser derribados por el coronavirus en cuestión de días.

Permitámonos valorar cada aliento que tenemos la suerte de tomar, apreciando mejor al que nos lo da y lo que se espera que hagamos con la fuerza vital que permite. Pero hagámoslo con cuidado, no seamos víctimas de extremos. El virus sigue presente, y la desinformación también. Continuemos ajustando el proceso de metamorfosis al que esta pandemia nos confrontó. Hagámoslo sin miedo, con nostalgia, con esperanza y haciendo que cada día cuente. Nuestra mayor discapacidad es el miedo y nuestra mayor fortaleza es el valor de nuestra fe.

Recordemos: "Lo que parece una bendición puede ser una maldición. Lo que parece como una maldición puede ser una bendición".

Martin Buber lo expresó en estas palabras: *"Todos los viajes tienen destinos secretos sobre los que el viajero nada sabe. Pero debes avanzar con fe y actitud positiva"*.

Y no olvidemos: *lo más importante no es solamente mantenerse vivo, es mantenerse humano.*

La muerte de la empatía humana
es uno de los primeros y
más reveladores signos
de una cultura a punto
de caer en la barbarie.

Hannah Arendt

MUROS IMAGINARIOS

Hay una simpática historia sobre un hombre que toda su vida soñaba con poder actuar en alguna película. Pasaron los años, pero no tuvo su oportunidad hasta que cierto día un equipo de filmación llegó a la ciudad y buscaron extras para aparecer en una escena de guerra. Ante su insistencia, el director le dio una línea: "Cuando te haga la señal, debes exclamar '¡Escucha los cañones!' ". El hombre estaba tan entusiasmado que no dejaba de repasar su línea: "¡Escucha los cañones!". El día del rodaje llegó y él seguía repitiendo como autómata: "¡Escucha los cañones!". Se vistió con el uniforme del ejército. Estaba listo. "¡Escucha los cañones!", repitió una vez más. Finalmente, al comenzar a grabar la escena, repentinamente *¡BOOOM!*, se escuchó una tremenda explosión de un cañón, y el hombre gritó: "¿Qué demonios fue eso?".

No siempre estamos preparados para los estridentes sonidos de los cañones, las sorpresas, los cambios notables que alteran el curso de nuestras vidas. Hoy nosotros o nuestros seres queridos están sanos, pero mañana un diagnóstico nos hace exclamar: "¿Qué demonios fue eso?".

Mientras tanto, no dejamos de repetir nuestra línea, creyendo que estaremos preparados. Y, sorpresivamente, llega un cañonazo real que sacude nuestras vidas, nos provoca miedo y nos hace sentir frágiles: "¿Qué demonios fue eso?". Así también, la pandemia nos sacó de nuestra comodidad y rutina.

Honestamente, éste no es el mundo que imaginaba para mis años de otoño. Eché de menos a mis nietos, pero no podía visitarlos. Echaba de menos a mis hijos.

Por los correos y las llamadas que recibí, supe que también mis acreedores me echaban de menos. Era como una cadena. Sin embargo, no tengo quejas. Fueron las instrucciones de la reina de Inglaterra, que pidió que no saliéramos de nuestros palacios.

Querida familia, mi corazón está con todos ustedes. Éste no es el mundo en el que planeábamos vivir. Y cada uno sorprendido exclama: "¿Qué diablos fue eso?". Para muchos de ustedes, jóvenes, su educación se vio interrumpida o modificada. Muchísimos adultos perdieron trabajos, se destruyeron proyectos y sacrificios de años. Muchos debieron posponer sus planes. Un Bar o Bat Mitzvá, una boda, una graduación, un viaje planeado, hasta una operación. Muchas cosas postergadas, en espera.

Supe de gente que tuvo dificultades para completar la semana durante ese momento difícil. Supe de personas que dependían de alguna ayuda para alimentarse o para obtener sus medicinas. Y supe de gente que les brindó esa ayuda.

Supe de jóvenes y mujeres que se encargaban de hacer el súper o de llevar a sus citas médicas a vecinos o personas de la tercera edad. Conozco a jóvenes y adultos voluntarios que se dedicaron a llamar a la gente de sus comunidades para escucharlos, para decirles que no estaban solos, para preguntarles si les podían ayudar en algo. Por eso digo y repito: somos una familia. Bet El, la comunidad, la humanidad. Y a cada anónimo y a muchos conocidos, les digo gracias, muchas gracias, no dejen de hacerlo; ustedes me llenan el corazón de fe y optimismo. Seamos agradecidos. No perdamos el humanismo. Todos estamos juntos.

Ésa es nuestra obligación ética y nuestra responsabilidad como socios de Dios. De hecho, estas ideas de justicia social se originan en la Torá y resuenan en las voces de los profetas: "Si tu pariente se encuentra en una situación desesperada, debes apoyarlo... para que pueda seguir viviendo entre ustedes" (Levítico, 25:35). Y, por supuesto, "Ama a tu prójimo como a ti mismo" (Levítico, 19:18). Estas palabras significan que debemos cuidarnos unos a otros. Punto.

Creo que esta pandemia conducirá a una rehabilitación, una corrección de nuestra sociedad. Saldremos de ella como una sociedad más unida, compasiva y equitativa, más justa. Si no lo hacemos es que no aprendimos nada con esta prueba. Este momento de la historia no debe desperdiciarse. Y debemos respaldar firmemente estos cambios.

Parece como si el mundo hubiera vivido un año sabático, cuando la tierra descansa. En los tiempos bíblicos, eso significaba un cierre casi total de una economía basada en la tierra.

Desde que el covid-19 nos golpeó, percibo que sufrimos una especie de sabático no planeado. Les digo, hay oportunidades espirituales aquí. Y espero las aprovechemos. El mundo estuvo más tranquilo que antes de la pandemia. El impacto de la civilización humana en el planeta fue menor de lo que ha sido por décadas. Quizás haya una manera de equilibrar la economía humana y cuidar el planeta. Quizás esto pueda inspirar una mejor administración de los recursos del mundo.

Y en ese silencio, en ese tiempo liberado de los desplazamientos y la planificación excesiva, nos descubrimos a nosotros mismos. Nos reconocemos en otro rol, una forma de vivir el día diferente. Éste puede ser un momento de oración y meditación sobre lo que más nos importa, para que a medida que regresen los ruidos del mundo podamos estar más en contacto con quienes queremos ser a medida que emergemos.

Curiosamente, recibí estadísticas de sinagogas e iglesias del mundo que transmitieron en *live streaming* sus ceremonias religiosas; en ellas destaca la sorpresa de que el número de personas que se conectaron para participar de esta nueva forma de ofrendar el rito supera en más de un 250% el número de participantes regulares en "tiempos normales". Hay muchísimos artículos donde se analiza cómo será la vida nueva espiritual judía en las casas de culto.

El precio que pagamos como humanidad fue muy alto. El dolor y la pérdida son desgarradores; y los números, jamás imaginados. Por ello debemos darle un sentido.

Debemos rescatar que haya en ello una posibilidad espiritual. Podemos darle algún significado a la pérdida si esto puede ayudarnos a crecer y adquirir sabiduría y compasión. Podemos redimir el dolor si nos ayuda a estar más conectados y reflexivos sobre cómo interactuamos con los demás y con este hermoso mundo que Dios ha creado para la humanidad.

No olvidemos que, para llegar a su tierra prometida, el pueblo judío tuvo que deambular por el desierto 40 años. Tal vez nos toca vivir este momento como un sabático, o tal vez como una vuelta obligada al "desierto".

La doctora Tamara Cohn Eskenazi explica que: "El desierto es un lugar, o tiempo, sin orientar los hitos o la estructura. Estás viviendo en un ambiente que no está controlado y lleno de incertidumbre. Es limítrofe y transitorio. Para el pueblo hay conflictos sobre el liderazgo, las prácticas sagradas y la herencia de la tierra. Hay constantes quejas y el continuo intento de probar la paciencia de Dios. Es caótico y a veces desconcertante".

Lo entendemos. Nosotros también estamos en un desierto. Viajar por la vida es un viaje espiritual y físico hacia un destino conocido, pero no tan conocido. Y todo el camino estamos inmersos en un tiempo de transiciones y temores. Susan Rothbaum lo detalla con belleza en un poema:

> Todos hemos conocido tiempos como éste... Tiempos intermedios. Un tiempo entre una vida que es familiar y una nueva vida aún desconocida. Un tiempo sin forma. Tal vez fue un momento en que dejamos atrás a una persona, un lugar, un trabajo, una forma de vida que amamos, o al menos algo o alguien que nos era familiar. Tal vez un momento en que perdimos a alguien por circunstancias más allá de nuestro control. Un tiempo irracional. Todos hemos conocido esos momentos a lo largo del camino. Tal vez un momento en que dejamos atrás una vida que se había vuelto demasiado pequeña para nosotros.
>
> Sabíamos que teníamos que movernos para que algo nuevo tuviera espacio para crecer. Un tiempo de espera. Tal vez hemos plantado semillas. Las regamos. Pero no podemos hacerlas crecer. Estamos en un tiempo de observación. Tal vez ni siquiera sabemos qué semillas plantar. Nos volvemos impacientes. Intentamos volver al pasado o apresurarnos para encontrar algo nuevo. Decimos: "Ya debería haber superado esto". Decimos: "Esto no está sucediendo lo suficientemente rápido". Decimos: "No hay nada a lo que aferrarse". A veces parece que estamos solos en el espacio vacío.

Todos hemos conocido momentos como éste. Es un tiempo sin forma... Un tiempo salvaje... Un tiempo de espera... Un tiempo de observación... Un tiempo en el desierto. Un tiempo para contar. El tiempo está haciendo su trabajo invisible. Aunque no podemos verlo, algo nuevo está tomando forma. Los días pasan. Semanas y meses. Nosotros contamos. Y un día, sorpresivamente, notamos que nuestros pies están plantados en una nueva vida, y que crecimos.

En un momento en que muchos sufren —de enfermedad, pérdida, angustia, y problemas financieros— necesitamos abrir nuestros corazones a la compasión, que nos lleve a la generosidad y la solidaridad. En un momento de incertidumbre y miedo prolongados, necesitamos que se nos infunda resistencia y esperanza. En una época de "nueva normalidad" desconocida, sin precedentes, y a medida que surgen nuevos paradigmas, necesitamos despertar nuestra imaginación, creatividad y fuerza.

En una época de conflictos sociales cada vez mayores, necesitamos aprender a caminar por senderos de paz. En un momento que tanto depende de las acciones individuales, cuando más que nunca se nos exige que hagamos nuestra parte por el bien de todos, necesitamos responsabilidad. Nuestras vidas están cambiando y también nuestro mundo. Sé que hay mucho temor, mucho miedo por la vida, nuestra vida, tu vida, y hay inseguridad.

Thich Nhat Hanh señaló en uno de sus libros que: "Nuestra vida está llena de momentos extraordinarios y de momentos espantosos. Pero son muchos los casos en los que detrás de la alegría se oculta, por más contentos que parezcamos, el miedo. Tememos no lograr lo que queremos, perder lo que amamos, o quedarnos desprotegidos. Pero el mayor miedo suele ser el que nuestro cuerpo algún día deje de funcionar. Y por ello, la felicidad nunca es completa... Negamos el miedo porque nos incomoda pensar en las cosas que nos asustan. Y aunque tratemos de ignorarlo y nos digamos 'No quiero pensar en ello', el miedo sigue presente. El único modo de liberarnos del miedo y ser felices es reconocerlo y ver su fuente. Dejemos de querer escapar del miedo, permitamos que aflore y mirémoslo directa y fijamente a los ojos".

Tememos a las cosas externas que no podemos controlar. Nos preocupa enfermar, envejecer y perder lo que queremos. Algunos viven con miedo al espejo de la vida. E insistimos en creer que, si ignoramos los miedos, éstos desaparecerán. Esto no sólo no funciona. Más aún, termina por hacer nuestra vida miserable.

¿Podrás declarar que has vivido plenamente o podrás identificar los temores que limitaron tu vida? ¿Sabes a qué le tienes *miedo*?

Como les dije, el miedo es un componente ineludible en nuestra vida. Aun así, les confieso que muchas veces me encuentro más temeroso por lo que pudiera sucederle a la gente que amo que por lo que pudiera sucederme a mí. Me inspira temor pensar qué pasará cuando yo ya no esté. Temo perder aquellas cosas que dan sentido y placer a mi vida. Temo que no viviré lo suficiente para ver tantas cosas que imagino ver algún día. Y, sobre todo, me inquieta el que todas estas preocupaciones hagan que mi vida no sea tan plena como podría ser. Finalmente, solamente los humanos tenemos miedo a la vida, y todo porque podemos imaginar el futuro.

Más de 80 veces en la Biblia, Dios le dice a su pueblo que no debe temer. Más aún: las primeras palabras del hombre fueron una expresión de miedo. Respondiendo a la pregunta de Dios, "¿Dónde estás?", el hombre responde: "*Escuché Tu voz y tuve miedo*". Naturalmente, la pregunta es retórica. Dios sabe dónde está el ser humano; pero ¿lo sabe el ser humano? *¿Eres tú ese hombre, eres tú esa mujer*? ¿A qué le tienes miedo?

Ahora, una historia: había una vez un gran rey que tenía poderes mágicos. Con su magia creó una ilusión: un tipo de holograma que parecía un palacio tan grande como un fuerte, con altos muros, grandes portones cerrados y una serie de fosas alrededor. Invitó a sus súbditos a visitarlo. Curiosos porque el rey los había invitado, llegaron de todas partes. Pero al acercarse a los imponentes muros del palacio, notaron que no había forma de entrar; parecía imposible. Así, tristes, se dieron media vuelta y regresaron. Sólo uno de los súbditos, el hijo del rey, se dio cuenta de que los obstáculos que veía eran sólo una ilusión. Tomó aire, caminó de frente hacia los muros y repentinamente se encontró en la casa del rey.

Con frecuencia, en la vida encontramos obstáculos, barreras que parecen bloquear nuestro camino hacia Dios y hacia nuestras propias metas, y rápidamente nos damos por vencidos. Retrocedemos hacia lo que somos en lugar de continuar avanzando hacia lo que podríamos ser.

Pero Dios nos insiste en no temer, no porque no haya nada que debamos temer, sino porque Él entiende que el mundo puede ser un lugar lleno de temores, pero que nuestra misión es enfrentarlos con valor, con fe. Como lo expresara Viktor Frankl: "No podemos avanzar hacia ninguna reconstrucción espiritual con un sentido de fatalismo".

Sí, seguramente en el futuro tendremos nuestra cuota de dolor y problemas, pero no debemos temer. No debemos hacerlo, porque tenemos dentro de nosotros las herramientas para enfrentarlos y vencerlos. No permitamos que el temor a lo desconocido nos robe el placer de anticipar todas las cosas buenas que nos aguardan, especialmente porque la gran mayoría de esos muros son creados por nuestra propia imaginación.

Ahora, quiero pedirte que identifiques los muros que crees que se interponen entre tu ser real y tu ser ideal. Y cuando lo hagas, no les temas, porque verdaderamente muchos son ilusorios: tú misma, tú mismo los creaste.

Recordemos que *nuestra mayor discapacidad es el miedo y nuestra mayor fortaleza es el valor de la fe.* Recordemos que todo es posible. Este momento llegó lleno de desafíos que no podríamos haber imaginado, pero la naturaleza de la vida, su cambio constante, significa que hay alegrías que tampoco podemos imaginar. Este momento es difícil, pero se avecinan otros momentos. Sigamos en movimiento.

Nada permanece constante. Cualquier cosa que enfrentemos hoy, mañana traerá algo diferente. Y eso para mí es una invitación a la esperanza, a soñar y permitir que nuestras vidas se desarrollen con la anticipación y la emoción de las posibilidades del mañana. *Digámosle sí a la vida, siempre.*

Comparto un texto que recibí del rabino Brad Artson, un querido amigo, un maestro genuino, y que coincidentemente él tituló

"Metamorfosis". Me pareció una sintonía plena de sentimientos y sentidos:

> El coronavirus nos tiene protegidos en nuestros capullos, preparándonos para volar. Nada es lo mismo. Nada ha quedado intacto. Nuestro instinto, por supuesto, es movilizarnos hacia la hiperactividad. Es muy contradictorio para nosotros imaginar que quedarse en casa es exactamente lo que debemos hacer en este momento.
>
> ¿Qué logramos con toda esta aparente pasividad? No es que no estemos haciendo nada, sin ir a ninguna parte. Somos, en cambio, como una oruga entrando en su capullo. En la superficie, parece que la pequeña pupa no está haciendo nada, solamente descansando en su lugar. Pero, de hecho, está haciendo mucho. Dentro de ese capullo de refugio y de seguridad, nuestra pequeña amiga está haciendo el trabajo necesario para poder emerger resplandeciente, para poder volar. Dentro del capullo, la oruga no está simplemente durmiendo.
>
> El cuerpo de la crisálida se disuelve y se reorganiza para llegar a ser mariposa. Lo viejo y lo disfuncional deben dar lugar a algo nuevo y hermoso. Ahora es el momento de hacer ese trabajo.
>
> Pero emergeremos, y será hermoso cuando volvamos a volar. Llenaremos el mundo de color y belleza. Y lo lograremos, juntos. Mientras, sin desesperar, sigamos protegiéndonos en el proceso de ser mejores seres humanos, porque tú cuentas, y cada uno cuenta. Y cada uno es la letra que nos recuerda que no estamos solos. Y esa es nuestra fe y nuestra fuerza. Recuerden: Todo depende del ser humano individual, independientemente de cuán pequeño sea un número de personas con ideas afines... Cada persona, a través de la acción y no meras palabras, haciendo creativamente el significado de la vida una realidad en su propio ser.

ENFOQUE POSITIVO

Mucha gente piensa que la religión trata de secretos. No hay secretos. Dios está en tus propias experiencias de trascendencia. Dios está donde el ser humano, tú, yo, donde nosotros lo dejemos habitar. Ése es el secreto.

Yo los conozco, los reconozco, y me atrevo a decir por sus preguntas, sus correos, algunos por su silencio, que no hay uno solo entre ustedes que no haya cambiado desde el último encuentro que compartimos. Estoy seguro de que este camino que hemos recorrido ha alentado a cada uno, a cada una, de una manera diferente pero efectiva, a cambiar. Estoy seguro de que el alma, el espíritu de cada uno, no es el mismo que poco tiempo atrás.

Cada uno ha crecido, cada uno ha aprendido algún secreto de vida. Todos vivimos nuevas experiencias. Algunas nos hacen sonreír, otras han dejado nuevas cicatrices de dolor.

Yo mismo no soy, hoy, el mismo ser humano que era cuando me convertí en padre o en huérfano o en abuelo. Aprendí con cada experiencia, con cada nueva relación, con cada enfermedad o muerte, con cada nacimiento, que no es sólo el mundo el que cambia. Eres tú; soy yo. Y como resultado, no… No puedes ver el mundo de la misma manera. A veces nos hacemos más fuertes. A veces sufrimos daños. Pero nunca somos iguales.

Los últimos años nos han hecho sentir nuestra fragilidad y al mismo tiempo nos han permitido descubrir valores desconocidos, emociones escondidas, la soledad compartida y el sentimiento de solidaridad, de gratitud, de responsabilidad, de compromiso, de que estamos juntos.

Debe haber coherencia entre lo que creemos y lo que hacemos. Tengamos fe, vivamos con fe. Esto va a pasar, lo vamos a superar. Al menos yo me lo repito cada día. Enfóquense apenas en lo que pueda salir bien.

SI NO ES AHORA, ¿CUÁNDO?

"Nos dormimos en un mundo y nos despertamos en otro. De repente, Disney no tiene magia, París ya no es romántica, Nueva York ya descansa. La muralla China ya no es una fortaleza, y la Meca está vacía. Abrazos y besos de repente se convierten en armas, y no visitar ni abrazar a padres, abuelos, nietos y amigos se convierte en un acto de amor. De repente, te das cuenta de que el poder, la belleza y el dinero no valen nada, porque, aunque lo tengas, no puedes obtener el oxígeno que estás buscando para respirar. El mundo continúa su vida y es hermoso. Sólo que ahora pone humanos en jaulas. Y nos está enviando un mensaje: 'No eres necesario. El aire, la tierra, el agua y el cielo sin ti están bien. Cuando vuelvas, recuerda: eres mi invitado, no mi amo.' "

Espero estén bien física y espiritualmente. Y que sigan alertas. Para bien y para mal, los últimos años nos han hecho sentir nuestra pequeñez dentro del universo en el que vivimos. Cuántos desafíos hemos enfrentado, cuántos de nuestros pretendidos principios han sido redefinidos, cuántos de nuestros comportamientos han sido alterados, y cuántas de nuestras prioridades han sido revaluadas.

La salud, las finanzas, el trabajo, la movilidad, la familia, el amor, la religión, la cultura, el clima y (agrego ahora que también se suman los virus del racismo y el odio) la violencia, todas áreas de nuestra vida que nos vemos necesitados a redefinir a medida que nos ajustamos en nuestro aislamiento.

La verdadera naturaleza de las personas se pone a prueba en momentos de estrés prolongado y crisis. Día a día nos vamos definiendo.

Desde que llegó la pandemia, las cosas no salieron como las habíamos planeado, y sentimos que eso representa una pérdida en nuestra vida. Y de alguna forma comenzamos a trabajar un duelo, porque lentamente entendimos que día a día redefinimos "la realidad", y lentamente nos empezamos a sentir más libres para aceptar que estamos viviendo de una manera diferente, con lo que esto pudiera significar. La verdad es que vivimos en una cotidianidad que no conocemos. Piensen, trabajar desde casa, aislarnos socialmente, cambiar una rutina por otra diferente. Los niños que no pueden convivir con sus amigos, o simplemente jugar a la pelota o a las muñecas con quienes *antes* pasaban momentos y creaban emociones y memorias. Los papás que se transformaron en maestros y reajustaron sus planes, tiempos y tareas.

Y otro tema muy importante, el "cara a cara". Ahora todo sucede en el mismo escenario. Cada día es el mismo escenario, por lo que debemos reconstruir una normalidad. Y en ese proceso perdemos la noción de qué día de la semana es, y buscamos ajustarnos. Según los especialistas, es bueno definir áreas. Muchos han sentido que se ha perdido la cercanía de la familia, los encuentros semanales o los fines de semana, o la práctica de los rituales que nos ayudan a reforzar nuestro espíritu y nuestra fe. Es el alimento espiritual, que marca la diferencia.

Me pregunto: ¿será que la "cuarentena" se transformó en una realidad cómoda? ¿Cómo enfrentaremos una nueva normalidad?

Pienso que es importantísimo redefinir qué es lo que más nos importa y cómo lo vamos a cuidar. Lo que hayamos hecho y lo que hagamos ahora, será nuestra nueva realidad. Por ello es por lo que debemos decidir y ser cuidadosos en nuestras elecciones. En todo caso, pienso que el malestar y la incertidumbre nos enfrentan a momentos de crecimiento personal.

Hace un par de años, Starbucks se dio cuenta de que no era tan exitoso como lo había sido en años anteriores. Fue perdiendo terreno frente a nueva competencia y las ventas reflejaban cierta crisis. ¿Qué hizo el presidente de la compañía, Howard Schultz? Cerró todas las tiendas durante un par de horas. Todas las tiendas cerraron a las 5:30 de la tarde y dedicaron tres horas para la capacitación y reeducación del personal. Él dijo: "Nos apasiona nuestro café. Vamos a revisar nuestras normas de calidad que son la base de la confianza de nuestros clientes y vamos a crear nuevos productos". ¿Qué hizo Starbucks? Volver a lo básico: limpiar la tienda, revisar los procedimientos, renovarse, asegurarse de que todo estaba bien, crear nuevos productos. Cambiar lo que debía cambiar para asegurar el éxito.

¿No deberíamos hacer lo mismo? Porque éste fue uno de los desafíos de esta pandemia: revisar y cambiar, recrearnos, renovarnos. ¿Cómo saldremos de esta tormenta? ¿Cómo nos ajustaremos a la nueva realidad? Y, no menos importante, ¿cómo podremos hacerlo?

Permítanme compartir con ustedes una enseñanza que recordé y que hoy emerge como una lección de vida. La cita es del rabino Hillel, en el tratado de principios, y se divide en tres frases: *"Si no soy para mí, ¿quién será para mí? Si soy sólo para mí, ¿qué soy? Y si no es ahora, ¿cuándo?"*.

Nunca había captado estas palabras como más verdaderas, más urgentes y necesarias que hoy.

1. *"Si no soy para mí, ¿quién será para mí?"*. Con el paso del tiempo aprendí que la única persona que está con nosotros toda nuestra vida somos nosotros mismos. Por lo tanto, es mejor que nos llevemos bien. Eso significa cuidarnos, apapacharnos, dedicarnos un tiempo, tejer una red interna de seguridad, creer en nosotros mismos. Solamente así estaremos en condiciones de movernos hacia adelante.

   Claro que algunos podrían pensar que esto es sumamente egoísta. Sin embargo, ese comentario no podría estar más lejos de la verdad. Para poder ayudar a los demás, debemos cuidarnos a nosotros mismos.

   No es egoísta, es práctico y ayuda a salvar otras vidas. Entonces, ¿por qué necesitamos una crisis para darnos cuenta de que cuidarse y ponerse en primer lugar es saludable y una práctica de vida? Tomen el liderazgo en su grupo familiar, en su trabajo, en su comunidad. Como en una emergencia en pleno vuelo, primero nos colocamos nuestro oxígeno y entonces podemos ayudar a otros.

2. La segunda frase complementa la anterior: *"Si soy sólo para mí, ¿qué soy?"*. Éste es un reto más difícil.

Esta frase se refiere a lo personal, familiar, institucional y social. Hay momentos en la historia que debemos sumar, que debemos racionalizar, fusionar, porque todos estamos en el mismo bote, y el futuro inmediato nos cobrará las malas decisiones o simplemente la inacción. Compartir y no competir, sumar y no dividir, es el camino más viable para construir un futuro con raíces comunes. Pueden ser escuelas, instituciones, empresas o, por supuesto, núcleos familiares.

Si queremos salir con más fuerza de esta crisis debemos dejar de lado nuestros intereses individuales. Necesitamos aprender a ayudarnos, apoyarnos, que las personas sientan que no están solas en medio de esta tormenta aparentemente interminable. Se avecina una época de decisiones difíciles, y aquellos que se preocupan en servir, en dar, en ayudar, son los que harán la diferencia.

"Si soy sólo para mí, ¿qué soy?". Nos habla a nosotros. Se dirige a quienes tienen un sentido de responsabilidad, de misión, de mensaje. Nos habla a cada uno en la familia, al trabajador, al dirigente, al maestro, al amigo. Si no captamos lo relevante de esta parte del mensaje de Hillel, estaremos en graves problemas como sociedad, como comunidad, y habremos perdido una gran oportunidad. Peor aún: habremos mostrado que nuestra empatía con el que sufre, con el que necesita de nuestra ayuda, con el desesperanzado, es inexistente. Si nos quedamos en la primera frase y no avanzamos a la segunda, tampoco habremos entendido el mensaje de la primera. ¿Podremos llevar a cabo nuestro proceso de resiliencia; o sea, tendremos la capacidad de superar momentos traumáticos y ajustarnos a una nueva realidad? Para hacerlo, todos debemos reconocer la necesidad de una vulnerabilidad compartida. Somos por nosotros mismos y nos completas siendo no sólo para nosotros mismos. Debemoss tener un sentimiento de solidaridad.

3. *"Y si no es ahora, ¿cuándo?"*. Finalmente, debemos tomar la consciencia del momento. Responder cuidadosamente, pero sin posponer. Adaptándonos a la nueva cotidianidad. Sabiendo ajustarnos a la nueva realidad. En crisis, nuestros problemas personales se vuelven

dolorosamente obvios e inevitables. Y la urgencia del tiempo no está a nuestro favor. Es ahora el momento de que nos hagamos estas tres preguntas: *"Si no soy para mí, ¿quién será para mí? Si soy sólo para mí, ¿qué soy? Y si no es ahora, ¿cuándo?"*.

Es la capacidad de recuperación que permite a los seres humanos sobrevivir, restablecerse e incluso crecer a raíz de la adversidad. Sentimos el dolor, ya sea debido a la pérdida de la conexión física, la disolución de los límites entre el trabajo y el cuidado o la pérdida de un trabajo o un ser querido, como humanos, y también estamos afligidos por lo que puede o no suceder. Les recuerdo las palabras de Abraham Joshua Heschel: *"En algunas sociedades algunos son culpables, pero todos somos responsables"*. Precisamos tomar conciencia de que el cambio es inevitable, pero el crecimiento es opcional y está en nuestras manos.

Nunca culpes a nadie en tu vida.
La buena gente te da felicidad.
La gente mala te da experiencia.
Las peores personas te dan una lección.
Las mejores personas te dan memorias.

¿ADÓNDE ESTÁS TRATANDO DE LLEGAR?

Un hombre que carga una maleta corre agitado hacia la ventanilla para comprar su boleto. Piensa que está atrasado, que perderá el tren. Y así sube al último compartimiento cuando el tren ya está en movimiento. Cargando su maleta, se deja caer, agitado, en el primer asiento desocupado que encuentra. El hombre está exhausto, pero feliz porque pudo alcanzar el tren y porque ya está en camino.

Después de algún tiempo comienza a mirar curiosamente a su alrededor. Percibe que las ventanas del vagón son pequeñas y están sucias, y que su asiento no es tan confortable. Las personas que están viajando con él son de todo tipo. Sabe que, si todo funciona bien, tendrá un largo viaje. Horas, días, años tal vez. Decide entonces tomar su maleta y buscar otro compartimiento. Encuentra uno en el que se siente más cómodo. Mejores asientos, ventanas más amplias, personas más elegantes. Allí se acomoda.

Pero nuevamente, después de cierto tiempo, comienza a sentirse insatisfecho y sale en busca de un mejor vagón. Y así, varias veces. Finalmente, cansado, o tal vez conforme con haber hallado lo mejor posible, se tranquiliza. Comienza a observar el paisaje y a las personas que se encuentran junto a él. Hace amigos entre sus compañeros de viaje y discute con ellos. Platica respecto al panorama, acerca de la comida y del tiempo allí afuera.

Pero la principal actividad de los que ocupan su vagón son los juegos. Son juegos ingeniosos a pesar de que todos tienen el mismo objetivo: pagar, comprar, vender, revender, entregar, etcétera. Él mismo se envuelve de tal manera que ni percibe las ocasionales paradas cuando el conductor, abriendo la puerta, pregunta si todo está en orden.

Lo que más le interesa es la enorme cantidad de papeles que indican los resultados del juego. De vez en cuando, nota cambios en los rostros de su vecino, pero no les presta mucha importancia. Un día, al mirarse en un espejo, percibe que su propio rostro está alterado. Camina ahora con menos firmeza por el corredor y se queja de dolores en varias partes de su cuerpo. Observa todo esto, pero no ve por qué preocuparse y así decide volver a los juegos. Cierto día todo parece cambiar.

Afuera el cielo se oscurece. Se trata de una oscuridad que comienza a penetrar en el vagón. Hasta el ruido de la propia locomotora parece diferente, más forzado. Repentinamente las luces disminuyen, el tren se detiene. Los pasajeros miran a través de las ventanas tratando de descubrir el nombre de la ciudad o estación en donde se encuentran, pero todo está envuelto en una neblina.

La puerta se abre y el conductor, con una linterna en la mano, se dirige a los pasajeros: "Señoras y señores, tengo un comunicado especial. Durante nuestro viaje pasamos por muchos países y cruzamos muchas fronteras, y ahora llegamos a este lugar que es diferente de todos los demás porque aquí no hay retorno. Así que tal vez sea el momento de verificar nuestros pasajes. Después de todo —dijo riéndose—, *puede ser que estén en el tren equivocado*".

Nuestro pasajero se ríe nervioso. ¿Y si él realizó el viaje equivocado? Busca y busca hasta que finalmente encuentra un pequeño cartón descolorido. Trata con dificultad de leer lo que allí está impreso...

Hay tres finales probables para este viaje, del que todos nosotros somos pasajeros. El primero: tratamos de leer el pasaje, pero el tiempo ha borrado lo impreso, por lo cual no logramos ver cuál era nuestro destino y tampoco lo recordamos. El segundo: podemos leer el pasaje, reconocer el destino hacia donde nos dirigíamos y, efectivamente, estamos en el tren correcto. El tercero: leemos el pasaje, reconocemos el destino, pero descubrimos que estamos en el tren equivocado.

En esta parada forzada, en este momento del viaje de nuestra vida, debemos revisar nuestro destino, evaluar nuestra forma de vivir. En esta parada tenemos la oportunidad de meditar, de reflexionar, y no debemos distraernos. Tenemos la opción de cambiar. ¿Qué vamos a elegir?

Tú, yo, todos nosotros, somos pasajeros en el tren de la vida. Juntos podemos disfrutar más el viaje… si aprendemos a acercarnos a nosotros mismos, si tenemos la sensibilidad de ver más allá de nosotros mismos y ayudar a quien lo necesita, corregir lo que debamos corregir de nuestro camino y poder recordar hacia dónde nos dirigimos.

Y el secreto de la vida: lo que parece ser un final, podemos transformarlo en un nuevo comienzo. Lo hacemos con nuestro espíritu inquieto, tal vez con nuevas cicatrices en el corazón, o sueños hechos realidad, buscando encontrar nuestro equilibrio espiritual y cuestionando si estamos en el camino correcto. Sí, tenemos la libertad de tomar decisiones en nuestra vida, pero las elecciones que hacemos tienen consecuencias. Aun así, sabemos que en caso de haber elegido el camino equivocado, podemos cambiar de dirección.

Mi escena favorita en *Alicia en el país de las maravillas*, de Lewis Carroll, se desarrolla cuando Alicia se encuentra con el Gato de Cheshire, que desaparece y sólo deja una sonrisa. Alicia le pregunta al gato: "¿Qué camino debo tomar?". El gato responde: "¿Adónde estás tratando de llegar?". Alicia dice: "No sé adónde estoy tratando de llegar". El gato responde: "Entonces no importa en qué dirección vayas".

Si no sabemos adónde estamos tratando de llegar, no importa qué camino tomemos. Muchos de nosotros hoy sabemos íntimamente que estamos confundidos en cuanto adónde nos dirigimos. Pasamos por la vida tomando el camino de la menor resistencia, avanzamos al azar, nos sentimos perdidos.

Y una enseñanza fundamental es que hay un camino correcto, una dirección que debemos seguir. Y esto es una verdad en cada área de nuestra vida. Hay un camino correcto hacia el bienestar físico y cómo cuidamos nuestros cuerpos. Hay un camino apropiado para nuestras relaciones con nuestras familias y las personas importantes en nuestras vidas. Existe un camino correcto en términos de nuestra vida financiera, cómo ganamos y cómo gastamos el dinero. Hay un camino correcto con respecto a nuestras vidas éticas, cómo nos comportamos con otras personas. Y hay un camino correcto con respecto a nuestras vidas espirituales, cómo nos relacionamos con nuestra fe y nuestras tradiciones.

Claro que debemos aceptar que, al menos en algunas áreas, muchos vamos por el camino equivocado. Trátese de nuestro ser físico, nuestras relaciones, nuestras finanzas, nuestra ética o nuestras vidas espirituales, hay áreas en las que, como dice el GPS, "tenemos que volver a recalcular".

Pero la buena noticia es que el cambio es posible. No estamos atrapados en el camino equivocado. No importa cuánto tiempo hayamos caminado sin rumbo, aun así podemos cambiar. Por ello el concepto clave es *recalcular*: recalcular nuestro viaje por la vida y corregir el destino.

Pero a diferencia de Alicia, primero tenemos que saber qué camino debemos elegir. La pregunta fundamental que cada uno de nosotros debe hacerse es la misma que Alicia le preguntó al Gato: "¿Qué camino debería elegir?".

Cada día es una oportunidad para reflexionar con honestidad sobre el espacio entre la persona que somos y la persona que esperamos llegar a ser. Algunas veces ese abismo es cómodo; otras veces es aparentemente insuperable.

Entonces, ¿qué podemos hacer? Debemos abandonar nuestra autocrítica destructiva. Debemos llenar ese abismo con amor, con perdón para nosotros mismos y para los demás, con la esperanza de poder reconectarnos con nuestra propia alma. Sin duda, la vida es el examen más difícil. Muchas personas fracasan porque intentan copiar a otros sin darse cuenta de que cada uno tiene una pregunta diferente.

Muchos viven la vida y los sueños de otra persona. El peligro radica en que, si nos pasamos la vida permitiendo que otros nos definan, siempre sentiremos un vacío en nuestro interior, una sensación de traición a nuestro ser real; nunca sabremos cuál es nuestra verdadera vida, ni cuál es nuestro verdadero viaje.

No veas tu vida como ordinaria e irrelevante. Tú cuentas, tu vida cuenta, tus acciones cuentan.

Si traicionamos nuestros ideales y nuestros valores, terminamos traicionándonos a nosotros mismos y a quienes confían en nosotros. Recuerda a Victor Frankl: "Al hombre se le puede arrebatar todo salvo una cosa: la última de las libertades humanas —la elección de la actitud personal ante un conjunto de circunstancias— para decidir su propio camino. Es esta libertad espiritual, que no se nos puede arrebatar, lo que hace que la vida tenga sentido y propósito".

Martin Buber lo expresó en estas palabras: "Todos los viajes tienen destinos secretos sobre los que el viajero nada sabe".

CONECTARNOS

Un día recibí la invitación de una comunidad en Santiago de Chile para dar una plática. Antes de comenzar, observaba en el Zoom cómo cada uno estaba preparando su propia conexión. Sonido, imagen, algunos que cambiaban de lugar en su casa, los que fueron a buscar su agua o su café. Y mientras todo esto sucedía, muchos ya estábamos conectados y listos. En un momento, una de las señoras que participaba agitada exclamó: "¿Por qué es tan difícil poder conectarse?".

Yo me reí, porque no sólo me dio pie para comenzar mi mensaje, también me dejó pensando. Cada mañana, en cada oportunidad, estar conectados es una necesidad natural del ser humano. Conectarnos con nosotros mismos, con nuestros seres queridos, con nuestro trabajo, con nuestras lecturas o medios sociales... En fin, para poder funcionar debemos estar conectados. La primera reacción fue la queja: "Esto está muy lento". Luego, la falta de pericia por nuestra parte en la tarea: no teníamos ni idea de por dónde comenzar. Finalmente, buscar cuál es el mejor lugar para recibir con claridad la conexión.

Se me ocurrió que era una metáfora de la misma vida: buscar la mejor conectividad; moverse hasta encontrarla, y sólo entonces ser parte del intercambio de información, emociones, palabras e imágenes que nos reaseguran que estamos, que somos y que pertenecemos.

No podemos quedarnos sentados quejándonos, lamentándonos, asustados por todo lo que está sucediendo. Para estar conectados debemos estar en movimiento, hasta ajustar con la imagen y sonido del otro; así se da el encuentro con el otro u otra y con Dios.

Una persona me preguntaba por una idea, fórmula o práctica para poder vivir cada día con un enfoque más positivo. Pienso que es una pregunta importante para ayudarnos a vivir mejor cada día. Palabras más o menos, esto fue lo que respondí: cuando te levantas por la mañana, ¿cómo comienzas tu día? Muchas personas sacan inmediatamente sus teléfonos, miran sus mensajes y son bombardeados por una avalancha de datos entrantes. Pero al hacerlo, comenzamos nuestro día en un estado reactivo, permitiendo que los estímulos externos se conviertan en la base de nuestro día. Con ese punto de partida, es muy fácil que todo el día se convierta en una larga experiencia reactiva. Las personas altamente exitosas no miran inmediatamente sus teléfonos al despertarse. Más bien, se involucran en tareas conscientes y productivas al despertar, creando un impulso proactivo para su mañana. Esto les permite elegir en qué pensar y en qué concentrarse, y a su vez les permite lograr sus objetivos durante el día.

En lugar de permitir que los estímulos externos guíen nuestros primeros pensamientos de desvelo, reemplacémoslos con un pensamiento consciente, guiado y orientado a objetivos. Por ejemplo, meditar o rezar por la mañana logra este objetivo, proporcionándonos una forma estructurada de comenzar nuestro día con atención plena y pensamiento dirigido. Los rabinos llamaban a esto crear tu momento de soledad meditativa. Una actividad en la que agradecemos a Dios por la vida y sus bendiciones, y rezamos para tener una vida con *jesed*, uno de los atributos de Dios (puede traducirse como *misericordia, amabilidad, bondad*).

Este concepto espiritual es la capacidad de expandirse más allá de uno mismo y contribuir a los demás. Lo leemos en el libro de Salmos, donde el versículo nos señala: "El mundo fue construido a través de *jesed, misericordia*".

Dios creó este mundo como un acto de pura bondad, con el objetivo de *dar* a todos y a cada uno de nosotros, y es el continuo dar de Dios que nos sostiene. Cuando somos amables, bondadosos, sensibles, cuando apoyamos a los necesitados, imitamos a Dios.

Nuestros sabios nos enseñan que hay dos formas distintas de dar. La primera es receptiva, cuando una persona da sólo lo que se necesita. Esto significa dar sólo cuando existe una necesidad o cuando alguien pide ayuda. El inconveniente de esta forma de dar es que sólo se hace porque *estás obligado*, es causado por una necesidad externa; la entrada da como resultado la salida. Si vemos a una persona que necesita ayuda urgentemente y parece mucho menos afortunada que nosotros, tendemos a sentirnos mal por ella. Deseamos ayudarla, pero también queremos sentirnos mejor, para calmar nuestros propios sentimientos de culpa. Si actuamos así, no ayudamos a menos que percibamos la necesidad en los demás. En cambio, la segunda forma de dar es cuando lo hacemos por voluntad, por iniciativa, por bondad, por sensibilidad y por el puro deseo de imitar los atributos de Dios.

Dios da por el amor de dar, y así lo debemos hacer nosotros.

Entonces, cuando nos levantamos por la mañana, ¿cómo comenzaremos el día? ¿Seremos reactivos a lo que viene en nuestro camino o nivelaremos el sendero de manera proactiva?

El éxito no viene por accidente, proviene de una planificación consciente, un compromiso intenso y una ejecución consistente. Si vivimos una vida reactiva, un día nos despertaremos y nos preguntaremos por qué estamos tan lejos de nuestro destino deseado. El verdadero éxito requiere proactividad. Y la virtud de la proactividad proviene del atributo de *misericordia, bondad*, buscando conscientemente formas de hacer el bien, ayudar a los demás, mejorar el mundo que nos rodea. Integrar la bondad a nuestra vida significa encontrar la inspiración de estar tan llenos de amor, que busquemos de manera proactiva formas de contribuir a quienes nos rodean.

De este modo seremos nosotros, no los estímulos externos, quienes marquen nuestro día, nuestras emociones, nuestros valores y, naturalmente, nuestras acciones.

Ésa es mi fórmula personal, que hace años practico. Es como una plática personal con Dios. Cuando aprendemos a separar una parte de nuestro tiempo tan atareado para estar a solas con Dios, para abrirle nuestro corazón a Él y pedirle inspiración y perdón, nos unimos con el Él y Él con nosotros. Y cuando encontramos ese equilibrio, cuando integramos esa presencia en nuestra vida, tenemos el control para no ser reactivos, sino proactivos. Cada día tiene un propósito que nos hace sentir muy bien.

"Los tiempos extraordinarios requieren medidas extraordinarias", dice el dicho. Mucho se ha escrito usando este lenguaje figurado en respuesta a la pandemia de covid-19. Y, de hecho, muchos esfuerzos extraordinarios y sin precedentes en los campos de la medicina, la economía y el gobierno han tenido que establecerse, a nivel nacional y mundial, en respuesta a la crisis. Pero yo sugeriría que, a veces, los "tiempos extraordinarios" requieren de nosotros más bien "medidas ordinarias" tales como ajustar y responder a los desafíos "extraordinarios" planteados por el coronavirus. Como *comunidad*, hemos redoblado medidas "ordinarias", muy probadas, en circunstancias y condiciones bastante diferentes.

Bajo pautas de distanciamiento social, hemos mantenido un sentido de continuidad, de comunidad, de compromiso. Hemos seguido haciendo lo que la sinagoga hace regularmente: educar, inspirar, consolar y celebrar. Hemos aconsejado a los angustiados; hemos consolado a los dolientes; Hemos enterrado a nuestros muertos. Hemos ajustado el calendario de celebraciones del ciclo de vida y hemos seguido observando el Shabat y los festivales. Hemos mantenido contacto con aquellos que están enfermos o necesitados. Hemos descubierto que hay diferentes maneras de hacer las cosas comunes, y que lo extraordinario es la gratitud, el aliento, el apoyo que hemos recibido.

Entonces, mientras el "edificio está cerrado", la "comunidad está abierta y de brazos abiertos".

Un relato que ilustra esta idea, una historia maravillosa de nuestro folklore, cuenta que cuando Adán y Eva fueron exiliados del Paraíso, vivieron trabajando la tierra y educando a sus hijos en la nueva realidad, luchando día a día por sobrevivir. Después de muchos años, cuando sus hijos crecieron, decidieron conocer el mundo. En una de las jornadas se encontraron con la puerta de entrada al Paraíso, que estaba custodiada por un ángel que portaba una espada de fuego. Ellos se asustaron y optaron por retirarse, pero en ese momento Dios les habló: "Adán, ya has vivido en el exilio muchos años, el castigo fue cumplido, puedes regresar".

En ese instante el ángel desapareció y las puertas del Paraíso se abrieron. "Dios —dijo Adán—, han pasado tantos años; recuérdame cómo es el Paraíso". Dios le respondió: "No hay que trabajar, no sentirás ni dolor ni sufrimiento. No existe la muerte, el día a día es para siempre. Todas tus necesidades están resueltas. Ven, Adán, regresa". Luego de un instante de silencio, Adán volteó a ver a Eva, la mujer con la que luchó por alimentarse de la tierra y atender a sus hijos. Pensó en las tragedias y las alegrías que habían compartido, y respondió: "No, gracias, Dios, eso no es para mí... Ven, Eva, vamos a casa".

Ambos le dieron la espalda al Paraíso y volvieron a casa. Ellos habían aprendido que la vida no es plana como una playa, sino como una montaña. Que debemos esforzarnos para llenar nuestra vida de sentido y santidad, que disfrutar el camino es más valioso que llegar al destino.

Y el secreto de la vida: lo que parece ser un final, podemos transformarlo en un nuevo comienzo.

Así pues, vivamos siendo proactivos, optimistas, generosos y agradecidos. Estemos en movimiento y con una sonrisa. Podemos dejar que las circunstancias de nuestra vida nos endurezcan hasta el punto de que nos volvamos cada vez más resentidos y temerosos, o podemos dejar que nos calmen y nos vuelvan más abiertos a lo que nos asusta. Siempre tenemos esta opción. De sabernos conectados, y que estamos, que somos y que pertenecemos.

INTIMIDAD CON EL MIEDO

Alguien escribió que: *"El miedo es una reacción natural al acercarse a la verdad"*. Buscando entre el material que fui separando desde que decidí iniciar el proyecto de este libro, me encontré con un texto del rabino G. Marx que me pareció importante incluir en estas páginas. Se trata de una historia asombrosa del Talmud, sobre el rabino Shimon bar Yojai. Resulta que el rabino despreció a un emperador romano en el siglo I y fue condenado a muerte por un tribunal. Él y su hijo se escondieron brevemente en una escuela y luego huyeron a una cueva, donde se ocultaron durante doce años (sí, doce), esperando a que el emperador muriera para que el decreto fuera anulado. El texto de Marx nos dice que ocurrió un milagro: en la cueva creció un algarrobo y surgió un manantial de agua. Todo el día se sentaban y estudiaban, y cuando llegaba el momento de orar, así lo hacían.

Después de doce años, el profeta Elías apareció en la entrada de la cueva para avisarles que el emperador había muerto, que el decreto había sido anulado y que ya podían regresar. Así que salieron e inmediatamente vieron a hombres arando y sembrando la tierra. Shimon se enfureció. Dijo: "¡Ellos abandonan la vida eterna como lo hemos hecho nosotros y se ocupan de cosas sin sentido como la comida!". Entonces, con algún tipo de poder mítico, los quemó con su mirada. De inmediato una voz celestial habló y le dijo al rabino Shimon: "¿Saliste de tu cueva sólo para destruir mi mundo? ¡Vuelve a tu cueva!".

Entonces los dos regresaron. Después de otros doce meses, volvieron a salir, esta vez con esperanza, bondad y paciencia. Ellos sanaron. Más tarde, sus colegas vieron el precio que les había causado su aislamiento. Su cuerpo y su carácter se debilitaron. Pero fue más sabio el rabino Shimon, que le dijo a un colega: "Bendito seas por verme así, porque puedes decir cuánto aprendí en mi aislamiento".

Antes de su aislamiento, tenía algunas respuestas, pero ahora tenía aún más.

Somos como rabí Shimon. Estábamos en cuarentena. La curva se aplanó y salimos. Luego, los casos de covid-19 empezaron a aumentar y debimos volver a nuestras cuevas. Pero al igual que Shimon, creo que saldremos más sabios.

Esto es lo que aprendí en mi tiempo de aislamiento. Ser bueno, ser amable, ayudar a quien lo necesita, llamar a los enfermos, consolar a los enlutados... Todas estas cosas son buenas y dignas de alabanza y deben hacerse, pero ninguna de ellas es garantía de que no nos sucedan catástrofes y calamidades.

Shimon era piadoso. Sin embargo, veamos todos los problemas que tuvo. Estaba solo, abatido, perseguido. La religión no es un paraguas y no es una póliza de seguro contra la angustia. Ése no es su propósito. Si lo fuera, todos seríamos religiosos, no por piedad, sino por prudencia. El covid-19 nos ha probado como ninguna otra experiencia.

El covid-19 nos ha levantado un espejo para que nos veamos con mayor claridad. Porque en nuestro terrible encuentro con Dios nos vemos obligados a ver quiénes y qué somos realmente. Podemos pensar en nosotros mismos como fuertes e independientes, pero somos muy vulnerables.

La perspectiva es esencial, porque confundir lo que podemos cambiar con lo que no podemos sólo conduce a más dolor y sufrimiento. En tiempos de problemas, debemos encontrar fuerzas unos en otros Debemos recordar que no estamos solos. Hay personas que se preocupan por nosotros y necesitan nuestro cuidado antes de regresar. Podría ser una esposa o un esposo. Podría ser un amigo o incluso un niño. Pero durante el tiempo que vivimos aislados, debimos asegurarnos de permanecer conectados. Podemos recurrir a otra persona, alguien que escuche con paciencia y con cariño nuestros problemas.

Uno de los más grandes teólogos judíos, Franz Rosenzweig, creía que ninguno de nosotros estaba realmente seguro. En realidad, cada uno de nosotros está sostenido por las manos de nuestro vecino. ¿Quién sabe? Nuestra familia puede tener una sugerencia que ofrecer. Nuestras familias pueden llevarnos a alguien que pueda ayudar, tal vez a un médico, un abogado, un empresario o alguna persona sabia. E incluso si él o ella no puede, el solo hecho de que lo escuchen le hará bien. Las aflicciones ocultas son las más desgastantes, las enfermedades secretas son las más fatales.

Harriet Beecher escribió: "Cuando te encuentres en un aprieto y todo vaya en tu contra, hasta que parezca que no puedes aguantar un minuto más, nunca te rindas, porque ése es el lugar y el momento en que la marea cambiará". Siempre podemos aguantar un poco más. Si nos rendimos, nunca sabremos cuándo cambiarán los vientos y saldrá el sol. No debemos rendirnos nunca.

Finalmente, podemos recurrir a nuestra fe en busca de ayuda. No creo que Dios resuelva nuestros problemas por nosotros, pero sí creo que la fe en Dios puede darnos la fuerza para enfrentar nuestros problemas. Cuando recurrimos a nuestras tradiciones, aprovechamos recursos que el no creyente no puede aprovechar. Nuestra verdadera personalidad es como una sección sumergida más grande del iceberg que nunca aparece sobre la superficie. Hay un niño, un místico, un poeta, un ético y un profeta en todos nosotros. Con demasiada frecuencia, ese lado nuestro es ignorado u olvidado por nuestro mundo material y competitivo. Nuestra fe, sin embargo, revela el lado sanador de nuestro ser. Encontraremos apoyo emocional en nuestra oración, descubriremos una conexión con los demás y con Dios en nuestra oración, encontraremos una nueva perspectiva que nos empodere y fortalezca para luchar un día más. El que se levanta de la oración como una persona más fuerte, es porque sus oraciones han sido contestadas. No olvidemos rezar.

Y éstas, entonces, son las cosas que podemos hacer cuando nos encontramos aislados: podemos mirar nuestros problemas y ver si hay algo que podamos hacer al respecto. Podemos pedir ayuda a un amigo. Podemos aguantar un poco más. Y podemos recurrir a nuestra fe.

Y donde las cosas se rompen, hagamos una cosa sencilla: arreglémoslas.

Cerrar los ojos no va a cambiar nada. Nada va a desaparecer simplemente por no ver lo que está pasando. De hecho, las cosas serán aún peores la próxima vez que los abras. Sólo un cobarde cierra los ojos. Cerrar los ojos y taparse los oídos no va a hacer que el tiempo se detenga.

HARUKI MURAKAMI, *Kafka en la orilla*

REMORDIMIENTOS

Los que me conocen saben que una de mis costumbres es que cuando leo un artículo, una frase o un pensamiento que me gustaría algún día compartir o utilizar, yo acostumbro ponerlo en un fólder especial. De vez en cuando me encanta abrirlo y volver a leer lo que allí se encuentra. Así fue como durante la pandemia encontré un artículo sobre un libro que escribió Bronnie Ware, una enfermera australiana de cuidados paliativos. El libro se titula *De qué te arrepentirás antes de morir.* Decidí incluirlo en el libro como parte del proceso de introspección de crisis o momentos muy complicados como el que estamos viviendo, que pueden confrontarnos. Además, porque siempre afirmo que la muerte es la mejor maestra de la vida. Y como no venimos con fecha de caducidad, no tenemos idea de cuándo será. Algunos como Woody Allen afirmaron que ellos quieren ser inmortales, por no morirse. Pero hay otras opciones más realistas.

Acá les transcribo el texto en cuestión:

Durante muchos años he trabajado en cuidados paliativos. Mis pacientes eran los que habían ido a casa a morir. Compartimos algunos momentos increíblemente especiales. Estuve con ellos durante las últimas tres a doce semanas de sus vidas.

La gente crece mucho cuando se enfrentan a su propia mortalidad. Aprendí a nunca subestimar la capacidad de una persona para crecer. Algunos cambios fueron fenomenales. Cada uno de ellos experimentó una variedad de emociones, como es de esperarse: la negación, el miedo, el enojo, el remordimiento, más negación y, finalmente, la aceptación. Sin embargo, cada paciente encontró su paz antes de partir, cada uno de ellos.

Hay otra historia que refuerza este mensaje. En ella, un maestro les pidió a sus discípulos: *"Arrepiéntanse un día antes de su muerte"*. "Pero, maestro —exclamaron todos ellos, confundidos—, ¿cómo podremos hacerlo si no sabemos qué día será?".

Y el maestro les respondió: "Cada día deben arrepentirse".

Sin duda alguna, nuestra reacción natural es identificarnos con las preguntas y las respuestas. No necesariamente porque estemos en una situación cercana al final de la vida, o tal vez porque a partir de una cierta edad, (la que acostumbro a llamar "el grupo de 'te ves muy bien' "), o viviendo un proceso personal en cierta etapa de la vida (digamos "setenta y más", de la que formo parte), ésas son preguntas existenciales.

Pero para empezar a cambiar las cosas que tenemos que cambiar nosotros.

A veces escuchamos una oración o una frase y simplemente se nos queda grabada. Estaba viendo un video del periodista Thomas Friedman sobre tecnología, modernización y economía global. Allí él hizo la siguiente observación: *"¿Alguna vez has notado que cuando presionas pausa en tu televisor todo se detiene, pero cuando presionas pausa en ti mismo comienzas a pensar?"*. Anoté la frase porque me hizo reflexionar: al poner pausa en nuestra vida es cuando empezamos a pensar.

Cuando hablamos de cambiar nuestras vidas, solemos utilizar la analogía de un control a distancia. Hablamos de rebobinar nuestra vida hacia un momento mejor o de avanzar rápidamente hacia un futuro anticipado; pero en mi experiencia, el botón del control remoto que la mayoría de la gente desearía tener sería un botón de pausa. En realidad, creo que muchos padres desearían tener un botón de silencio, pero sé por experiencia personal que ese botón es una fantasía.

¿Alguna vez leyeron lo que aparece en el espejo retrovisor? "Los objetos en el espejo pueden ser más grandes de lo que parecen". Creo que eso es cierto para muchos de nosotros. A medida que avanzamos en la vida, nuestra atención a menudo se dirige a nuestro espejo retrovisor, a nuestro pasado.

El atractivo de poder trastornar nuestra vida, rebobinar hasta un punto en el que éramos más felices, cuando las cosas eran más sencillas o teníamos a alguien en nuestra vida que ya no está, es a veces irresistible.

Sentimos que, si pudiéramos regresar, las dificultades en las que nos encontramos actualmente cambiarían y podríamos ser felices.

En otros casos, esperamos poder retroceder para poder deshacer parte del daño y daño que hemos causado a otras personas. Desafortunadamente, el control remoto de nuestra alma no tiene ese botón. Los seres humanos nunca fueron hechos con un botón de rebobinado. No se puede retroceder. De igual forma, vivir una vida llena de arrepentimiento no es vivir de verdad.

En sus conversaciones, Bronnie preguntaba a sus pacientes: "¿Se arrepienten de algo?". Ellos respondieron honestamente. Pero antes de enumerarlos, quiero que hagas algo, y ése es realmente el objetivo.

Pregúntate: *¿Estás viviendo la vida que deseabas para ti?*

Dios no lo quiera, si estuvieras en una crisis, ¿te arrepentirías? No me refiero a lo que está en tu lista de deseos (paracaidismo, viajar a algún lugar exótico). Mi pregunta es más profunda, más personal: si pudieras cambiar algo en tu vida antes de que sea demasiado tarde, ¿qué sería? ¿Cuál sería tu reflexión sobre la pregunta de Bronnie?

Ahora sí, veamos las cinco respuestas más comunes que escuchó Bronnie cuando les preguntó a sus pacientes acerca de los arrepentimientos que tenían o cualquier cosa que harían de manera diferente si pudieran volver el tiempo atrás.

1. **Ojalá hubiera tenido el coraje de vivir una vida fiel a mí mismo, no la vida que otros esperaban de mí.** Éste fue el lamento más común de todos. Cuando las personas se dan cuenta de que su vida está a punto de terminar y miran hacia atrás con claridad, es fácil ver cuántos sueños no se han cumplido. La mayoría de la gente no había cumplido aún la mitad de sus sueños y tenía que morir sabiendo que era debido a las elecciones que habían hecho, o a las que no hicieron.

   Es muy importante tratar de honrar al menos algunos de nuestros sueños en el camino. Desde el momento en que se pierde la salud, ya es demasiado tarde. La salud conlleva una libertad de la que muy pocos se dan cuenta, hasta que ya no la tienen.

2. **Ojalá no hubiera trabajado tan duro.** Esta respuesta salió de cada paciente varón que cuidó. Se perdieron la juventud de sus hijos y la

compañía de su pareja. Las mujeres también hablaron de ese pesar, pero como la mayoría era de una generación anterior, muchos de los pacientes de sexo femenino no habían sido el sostén de su familia. Todos lamentaron profundamente haber gastado tanto sus vidas en una existencia dedicada al trabajo. Extrañaban la juventud de sus hijos y el compañerismo de su pareja. Lamentaron las largas horas que pasaban en la oficina haciendo alguna tarea que consideraban importante en lugar de estar en casa para cenar, asistir a la actuación de un hijo o pasar tiempo con familiares y amigos.

Clayton Christensen, profesor de la Escuela de Negocios de Harvard, ofrece un modelo de cómo evitar este arrepentimiento en su libro *¿Cómo medirás tu vida?* En él explica que, en la vida, como en los negocios, cada uno de nosotros tenemos recursos limitados: tiempo, energía, talento y recursos. Con cada momento de nuestro tiempo, cada decisión sobre cómo gastamos nuestra energía, nuestro talento y nuestro dinero, estamos haciendo una declaración sobre lo que realmente nos importa.

Al simplificar nuestro estilo de vida y tomar decisiones conscientes en el camino, es posible que no necesitemos los ingresos que creemos. Y mediante la creación de más espacio en nuestras vidas, seremos más felices y abiertos a nuevas oportunidades, más compatibles con su nuevo estilo de vida.

3. **Ojalá hubiera tenido el coraje para expresar mis sentimientos.** Muchas personas suprimieron sus sentimientos con el fin de mantener la paz con los demás. Como resultado, se conformaron con una existencia mediocre y nunca llegaron a ser lo que eran realmente capaces de ser. Muchas enfermedades se desarrollan como un resultado relacionado con la amargura y el resentimiento que cargan las personas.

   Nosotros también creamos hablando y creamos cuando nos abstenemos de hablar. Al abstenernos a veces creamos arrepentimiento, las cosas que no se dijeron, los sentimientos que reprimimos, la palabra amable cuyo enojo o egolatría nos impidió dar.

   Supongo que en cierto modo éste también es un botón de silencio. Saber cuándo morder la lengua y cuándo abrir la boca, cuándo pulsar silencio y cuándo subir el volumen. Ojalá fuera tan fácil como presionar un botón.

No podemos controlar las reacciones de los demás. Sin embargo, aunque las personas pueden reaccionar mal inicialmente, al cambiar la forma en que nos expresamos por una más honesta, la relación cambia a un nivel completamente nuevo y más saludable. Es eso o soltar las relaciones poco saludables en nuestras vidas. De cualquier manera, saldremos ganando.

4. **Me hubiera gustado haber estado en contacto con mis amigos.** A menudo los pacientes no se daban cuenta de los beneficios de los viejos amigos hasta después de semanas de convalecencia, y no siempre fue posible localizarlos a tiempo. Muchos de ellos habían llegado a estar tan atrapados en sus propias vidas que habían dejado que amistades de oro se desvanecieran con el paso de los años pese a los lamentos profundos acerca de no dar a las amistades el tiempo y el esfuerzo que se merecían. Finalmente, todo el mundo pierde a sus amigos cuando está muriendo.

Es común para cualquier persona con un estilo de vida ocupado dejar que las amistades desaparezcan. Pero cuando enfrentamos a la muerte de cerca, los detalles físicos de la vida desaparecen. La gente quiere tener sus asuntos financieros en orden si es posible, pero no es el dinero o el estatus lo que tiene una verdadera importancia para ellos. Quieren poner las cosas en orden para el beneficio de aquellos a quienes aman. Por lo general, sin embargo, están demasiado enfermos y cansados para encargarse de esa tarea.

A medida que rebobinamos la cinta de nuestra vida, cada uno de nosotros puede señalar amistades que hemos descuidado sin querer cuando la vida se puso ajetreada. Esperamos que los lazos de amistad sean lo suficientemente fuertes como para soportar tal abandono, pero rara vez lo son. Incluso los amigos más comprometidos permanecen sólo un tiempo antes de decidir invertir su propio tiempo, energía y amistad en otra parte. Cuando lo hacen, la pérdida es nuestra.

Al final todo se reduce al amor y las relaciones; eso es todo lo que queda en las últimas semanas: el amor y las relaciones.

5. **Me hubiese gustado permitirme a mí mismo ser más feliz.** Éste es un arrepentimiento sorprendentemente común. Muchos no se dieron cuenta hasta el final de que la felicidad es una elección. Se habían quedado atrapados en patrones y hábitos antiguos. El llamado "confort" de la familiaridad había secuestrado sus emociones, así como su vida física. El miedo al cambio les había hecho vivir fingiendo ante los demás, y para su yo, que estaban satisfechos. Sin embargo, muy adentro, anhelaban reír de verdad y tener a la simpleza de vuelta en sus vidas.

   El camino hacia la felicidad en la vida y en las relaciones no se trata sólo de encontrar a alguien que creas que te hará feliz. También se trata de encontrar a alguien a quien quieras hacer feliz, alguien a cuya felicidad valga la pena dedicarte. Trae felicidad a otra persona y te prometo que la encontrarás para ti mismo.

Como bien sabemos, no podemos rebobinar nuestra vida. Por eso son tan importantes las decisiones que tomamos en el presente sobre cómo vivimos nuestra vida y cómo empleamos nuestro tiempo.

Otro botón que no tiene el control remoto de nuestra alma es el de avance rápido. Sé que desearíamos que así fuera, que nos encantaría simplemente presionar un botón y pasar de circunstancias difíciles a una época que estamos seguros de que será más feliz, más gratificante y fácil que los tiempos en los que vivimos actualmente, y que puede ser agonizante para nosotros no poder saltar hacia el futuro. Es la paradoja de la vida: pasamos nuestra infancia con prisa por envejecer y pasamos nuestros últimos años deseando ser más jóvenes, anhelando la flexibilidad del cuerpo y las circunstancias que la edad y la responsabilidad nos han quitado.

Incluso sin este botón, a veces parece que la vida transcurre a una velocidad de 2x o 3x. Nos apresuramos mucho, saltándonos tantos momentos importantes a medida que pasamos de uno al siguiente.

El rabino Levi Yitzhak de Berdichev observó una vez a un hombre que caminaba apresuradamente por la calle, sin mirar ni a derecha ni a izquierda, y le preguntó: "¿Por qué te apresuras así?". "Estoy corriendo tras mi sustento", respondió el hombre.

"¿Y cómo sabes —continuó el rabino— que tu sustento corre delante de ti, de modo que tienes que correr tras él? Quizás esté detrás de ti y todo lo que necesitas hacer para encontrarlo es detenerte y hacer una pausa para que te alcance".

En esa hermosa enseñanza encontramos el botón más poderoso del control remoto para el alma, y de hecho el único botón que realmente existe: el botón de pausa.

Cuando hacemos una pausa en nosotros mismos, empezamos a pensar. Cuando nos tomamos el tiempo para hacer una pausa y examinar lo que nos está sucediendo y cómo nos sentimos, a veces podemos ver nuestra vida con vívidos detalles y comprender lo que realmente está sucediendo. Cuando hacemos una pausa en la vida, comienza el proceso de introspección, que puede ser a la vez revelador y tranquilizador.

A veces esa pausa consiste en momentos para oler las rosas, y a veces es el tiempo que pasamos con la familia. A veces esa pausa consiste en pasar días jugando, y otras veces esa pausa es más larga, para sanar las heridas que hemos sufrido en nuestro viaje.

Es esa pausa la que nos permite liberar pensamientos y sentimientos dolorosos y reemplazarlos con autocompasión, autoestima, alegría y paz interior.

Si realmente el sufrimiento diera lecciones,
el mundo estaría poblado sólo de sabios.
El dolor no tiene nada que
enseñar a quienes no encuentran el coraje
y la fuerza para escucharlo.

SIGMUND FREUD

TU ROMPECABEZAS PERSONAL

Dedicado a las víctimas del covid-19 y sus seres queridos:

Para ustedes mis queridos amigos, amigas, que no tuvieron oportunidad de despedirse, de agradecer, de pedir perdón y declarar su amor y gratitud, o de estar en el último rezo, o de observar rituales conforme sus creencias, reciban mi empatía y simbólicamente mi abrazo, fuerte y prolongado. Estoy junto a ustedes. Uno nunca termina de enterrar a sus seres queridos. Ellos se llevan una parte nuestra y nos dejan a cada uno una parte de ellos. Pasan de vivir con nosotros a vivir en nosotros. Y nos acompañan en el viaje que creemos continúa sin ellos. Que sea su memoria una bendición, como lo fue su vida.

Este mensaje fue originalmente mi sermón en el Día del Perdón, en un momento del culto dedicado a recordar y honrar a nuestros seres queridos que partieron del mundo físico. Cada año, en este espacio los recordamos y reafirmamos que seguimos juntos.

Hay una bellísima canción del cantautor Hanan Ben Ari que nos prepara para este momento tan significativo, que nos reúne cada año, para recordar, para volver a pasar por el corazón a nuestras queridas y queridos que partieron a su descanso eterno:

¿Mi iodea col keev?
¿Mi rofe lishvurei lev?
¿Mi ioshev al kise din?
Mitkasé Berajamim
Mojel ve Soleaj,

¿Umi ierapé libi?
¿Mi ejabek oti veiabtiaj?
Poteaj iadaim
Matzmiaj cnafaim

¿Quién conoce cada dolor?
¿Quién cura a los que tienen el corazón roto?
¿Quién sentado en su trono de misericordia?
Te cubre de piedad,
absuelve y perdona.

¿Quién sanará mi corazón?
¿Quién me abrazará y me dará fuerza?
Abre sus brazos,
hace crecer las alas.

Nosotros, los *shvurei lev*, aquéllos de corazón roto, comenzamos a enfocarnos en los seres queridos a quienes empezamos a evocar. Y nuestro pequeño santuario personal se llena, porque al evocarlos, ellos también llegan y se suman a nosotros. Cada uno lo percibe. *Nos rompió el corazón perderte, pero no te fuiste solo; una parte de nosotros se fue contigo el día que Dios te llamó a casa.* Desde entonces: *"Sufro por tu ausencia, por no tenerte, porque te extraño, por el vacío que me ha dejado tu partida, y sufro por mí... Me dueles y me duelo, me duele tu muerte y me duele mi vida sin ti... Duelen el corazón, el cuerpo y el alma; porque finalmente lo que duele es vivir, vivir con su ausencia, vivir sin su presencia".*

Recordamos. Cuando el recuerdo y la memoria acercan a la comunidad faltante a unirse a nosotros para compartir un momento sublime...

Evocar al ser amado, transforma este lugar y da calor a nuestra vida. Cuando los recordamos, nuestra alma se afina para la melodía más profunda y sincera que nuestro corazón puede crear, una melodía suave y tierna. La del amor. Porque recordar, es como abrir un baúl, en el que los recuerdos y las imágenes van apareciendo y vuelven a emocionarnos. Es nuestro momento especial en un día repleto colmado de nostalgia, recuerdos y consuelo. Los evocamos por el recuerdo, los abrazamos con el corazón, y rezamos por ellos con el compromiso de que el amor siga siendo el puente que nos une. Y en el día en que se juzga nuestro destino, ellos llegan como nuestros testigos.

Una plegaria central de nuestra liturgia clama *"Escucha nuestra voz"*. Cuando sale de nuestros labios, anhelamos que alguien escuche lo que no conseguimos pronunciar. Y una vez se escuchan nuestros gemidos, rezamos: "Ten compasión por nuestras almas quebrantadas". Éste es el espíritu de esta hora.

Hace algunos meses, mi querido amigo Eduardo Garza Cuéllar me invitó a grabar un video sobre humanismo judío para una serie. Fue un emotivo reencuentro. Al finalizar me comentó que estaba por publicar un nuevo libro y que le gustaría que yo fuera uno de los presentadores. Acepté y pocos meses después tuve el ejemplar en mis manos.

Les confieso que, desde ese día, leerlo fue el génesis del mensaje que hoy quiero compartir con cada uno y todos ustedes. El autor ofrece una galería de retratos de personas que han formado su vida, y que habitan en su ser interior armando un rompecabezas que es su identidad.

Naturalmente, al leerlo también me provocó recordar y repasar mi propia historia personal, y no tengo duda de que lo hará en cada uno de ustedes. De la misma manera que el autor, nos preguntamos: ¿Quiénes somos, quiénes nos han moldeado, quiénes han tocado nuestra vida?

Como lo expresara Maya Angelou: *"Somos la suma de todo lo que hemos visto, oído, comido, hablado, sentido, callado, olvidado. Todo influye en cada uno de nosotros y por eso trato de que mis experiencias sean positivas"*.

El ejercicio al que nos invitan esos retratos puede nutrir nuestra memoria, nuestros tesoros; puede ayudarnos a agradecer, sentir el amor, ayudar a conocernos mejor, poder ser más completos. Porque como lo escribió Bashevis Singer: *"Los muertos no se van, viven en nosotros"*.

Por todo ello, nuestra sinagoga está repleta al recordarlos. Son ellos los que nos hacen llegar hasta este lugar cada año como un ritual que nos permite contar su historia a otros y también a nosotros mismos.

¿Qué rostros evocas en esta hora? ¿Cuáles son las historias de esa galería de retratos que forman tu rompecabezas personal que te ha dado forma?

Solos en medio de la comunidad, cada uno de nosotros los enlutados, aquellos de corazón roto, llegamos y ellos nos acompañan. *Un padre o una madre, tal vez ambos. Una hija o un hijo, una esposa o un cónyuge, un hermano o una hermana, abuelos queridos, amigos, familiares, maestros.*

Al conocer la idea del rompecabezas de los rostros, entendí con más fuerza lo sublime de este momento. Porque cada uno está acompañado de todos ellos como cadenas generacionales. Un rompecabezas cuyas piezas son la brújula de nuestros valores y acciones. Las personas, los momentos, las emociones, las melodías, los mensajes, las enseñanzas y el agradecimiento. En cada rostro la expresión de la búsqueda del sentido de la vida. Y el agradecimiento a Dios, aun en el dolor de la separación. Gemimos a ellos: "Escucha mi voz, nuestra voz, cuando te evoco y te lloro, consuela mi alma desgarrada". Estos rostros que evocamos nos sonríen y nos abrazan con ternura.

Nuestro momento especial en un día colmado de emociones y nostalgia, recuerdos y esperanza. Un espacio que da lugar a la memoria. En esta hora, no podemos evitar, ustedes y yo, por un lado, alimentarnos mutuamente en el ayuno del dolor, y por otro, buscar rescatar las memorias y los recuerdos que se transformaron en el ancla que nos mantiene vivos y conectados con un pasado que no queremos soltar. ¿Cómo cerrar la herida que llevamos en el corazón? ¿Cómo vivir con el vacío de la ausencia? Este momento, como en una meditación personal, nos permite descubrir que el dolor es lo que más nos enseña sobre la vida.

Hemos aprendido de la santidad de cada amanecer y que ningún día se da por sentado. Hemos aprendido que nunca podemos separarnos sin pronunciar las palabras: "Te amo, te perdono, estoy pensando en ti". Hemos aprendido que la vida pasa demasiado rápido para vivirla con remordimientos y rencores. Hemos aprendido que el tiempo nunca hará que la ausencia sea más fácil. Y quizás lo más importante, hemos aprendido que la mejor manera de honrar la muerte y la ausencia de nuestros seres queridos es vivir cada día al máximo. Mantener vivo su espíritu y mantener encendida la llama de su memoria para compartir su luz en los momentos de nuestra más oscura desesperación.

Hemos aprendido que el dolor es como el océano. Ningún día es igual. No tenemos más remedio que salir y nadar en las aguas. La muerte deja un dolor que nadie puede curar, pero el amor deja un recuerdo que nadie puede robar. Nuestras lágrimas son la forma adecuada de confrontar nuestra tristeza. Viene cuando nos permitimos sentir y expresar el dolor. El alma es eterna y nunca puede extinguirse. Los lazos del amor son más fuertes que la muerte.

Nuestros sabios nos enseñaron que ellos desde su mundo continúan preocupándose por los seres queridos que dejaron atrás. Cuidan y abogan por nosotros ante el santo trono de Dios.

"¿Quién conoce cada dolor?" / "¿Quién sana a los que tienen el corazón roto? / "¿Quién me abrazará y me dará fuerza?" / "Abre sus brazos" / "Hace crecer las alas".

Los recordamos, agradecemos que fueran parte de nuestra vida y rezamos por su memoria.

Frecuentemente en el transcurso de la vida encontramos obstáculos, barreras que parecen bloquear nuestro camino hacia Dios, hacia nuestras propias metas, y rápidamente nos damos por vencidos. Retrocedemos hacia lo que somos en lugar de continuar avanzando hacia lo que podríamos ser. Y Dios nos insiste en no temer, no porque no haya nada que debamos temer, sino porque Él entiende que el mundo puede ser un lugar lleno de temores, pero que nuestra misión es enfrentarlos con valor, con fe.

Como lo expresó Viktor Frankl: "No podemos avanzar hacia ninguna reconstrucción espiritual con un sentido de fatalismo".

Sí, seguramente en el futuro tendremos nuestra cuota de dolor y problemas, pero no debemos temer. No debemos hacerlo porque tenemos dentro de nosotros las herramientas para enfrentarlos y vencerlos. No permitamos que el temor a lo desconocido nos robe el placer de anticipar todas las cosas buenas que nos aguardan, especialmente porque la gran mayoría de esos muros son creados por nuestra propia imaginación.

Recuerda que todo es posible. Este momento llegó lleno de desafíos que no podrías haber imaginado, pero la naturaleza de la vida, su cambio constante, significa que hay alegrías que tampoco puedes imaginar. Este momento es difícil, pero se avecinan otros momentos. Sigue moviéndote.

Nada permanece constante. Cualquier cosa que enfrentemos hoy, mañana traerá algo diferente. Y eso para mí es una invitación a la esperanza, a soñar y permitir que nuestras vidas se desarrollen con la anticipación y la emoción de las posibilidades del mañana. Y a decirle sí a la vida, siempre.

Tal vez éste es un momento en el cual podemos respondernos, reconocernos, y cambiar nuestro mañana.

A mí me interesa la vida antes de morir. La pregunta que me interesa es: "¿Hay vida antes de morir?". Porque si vamos por la vida en piloto automático, podemos perdernos los aspectos más hermosos de ella. Vivir así es como morir sin estarlo, y sin haber sido uno mismo.

Cuando esto termine

Cuando la tormenta pase, y se amansen los caminos
y seamos sobrevivientes de un naufragio colectivo.
Con el corazón lloroso y el destino bendecido
nos sentiremos dichosos tan sólo por estar vivos.
Y le daremos un abrazo al primer desconocido
y alabaremos la suerte de conservar un amigo.
Y entonces recordaremos todo aquello que perdimos
y de una vez aprenderemos todo lo que no aprendimos.
Ya no tendremos envidia pues todos habrán sufrido.
Ya no tendremos desidia. Seremos más compasivos.
Valdrá más lo que es de todos que lo jamás conseguido.

Seremos más generosos. Y mucho más comprometidos.
Entenderemos lo frágil que significa estar vivo.
Sudaremos empatía por quien está y quien se ha ido.
Extrañaremos al viejo que pedía un peso en el mercado,
del que no supimos su nombre y siempre estuvo a tu lado.
Y quizás el viejo pobre era tu Dios disfrazado.
Nunca preguntaste el nombre porque estabas apurado.
Y todo será un milagro. Y todo será un legado.
Y se respetará la vida, la vida que hemos ganado.
Cuando la tormenta pase. Te pido Dios, apenado,
que nos devuelvas mejores, como nos habías soñado.

Alexis Valdés

Elegirás la vida... siempre

Un día aprendí a
sacar fuerzas de
donde no hay.
Me abracé fuerte
y me dije a mí mismo:
'Ahí vamos de nuevo'.

Paulo Coelho

Hay una vieja historia de un hombre que fue capturado detrás de las líneas enemigas durante la guerra. Para su horror, fue condenado a muerte por un pelotón de fusilamiento. Sin embargo, el capitán le dio otra opción al hombre. Le dijo: "Puedes ir al pelotón de fusilamiento mañana por la mañana o puedes elegir cruzar esta puerta". Sintiéndose esperanzado, el hombre preguntó: "¿Qué hay al otro lado de esa puerta?". El capitán respondió: "Nadie lo sabe. Todo lo que puedo decirle es que hay algún poder desconocido detrás de ella". El hombre lo pensó bien y, a la mañana siguiente, cuando llegó el momento de elegir su destino, seleccionó el pelotón de fusilamiento.

Después de los disparos, el asistente del capitán se acercó y preguntó: *"Usted ha ofrecido a tanta gente la otra opción, y cada vez eligen el pelotón de fusilamiento. ¿Qué hay detrás de esa puerta?".*

Con una expresión de consternación en su rostro, el capitán respondió: "¡Libertad! Pero la gente prefiere enfrentarse a una muerte conocida que a un viaje hacia lo desconocido".

¿Y tú, qué eliges?

LAS DOS MONTAÑAS

Tiempos de fragilidad, de añoranzas, de esconderse bajo la cobija y no querer salir, de enojo, de sabernos vulnerables; pero también tiempos de solidaridad, de salir de nuestro pequeño mundo personal y llegar hasta el corazón del prójimo. Son tiempos para hacer preguntas profundas y participar en la autorreflexión. *¿Cuáles son mis principales compromisos? ¿Paso mi tiempo sabiamente? ¿Qué me enorgullece y qué me avergüenza? ¿Qué quiero de mi vida? ¿Estoy feliz con mi vida?* En medio de la actual incertidumbre, *¿puedo considerar nuevas posibilidades, nuevas metas, nuevas vivencias?*

Les comparto un pensamiento personal. Cuando nos quitamos el rostro de la juventud, cuando ya no tenemos una carrera que perseguir para ser exitosos, cuando las apariencias se vuelven insignificantes, cuando ya no se valora mantener la vida ocupada y llena de tareas… ¿quiénes somos?

Algunos aprenden antes que otros que sólo son esenciales las personas a las que amamos. Que nos convertimos en quienes somos gracias a aquéllos a quienes amamos y que comparten nuestro viaje por la vida. Entendemos que es la calidez de amar y ser amado lo que nos define y se convierte en nosotros para siempre. Que las medallas, reconocimientos, falsos abrazos y fotos sin valor ocupan un espacio mínimo en nuestra memoria y en nuestro ego. Que lo que vale son las acciones, palabras y recuerdos que ya reconoces como sinceros, porque aprendiste a reconocerlos; y eso es lo que ilumina nuestro día y nos hacen sentir completos y llenos. Cuando entendemos que dar es lo único que importa. Cuando damos sin esperar recompensa, ni reconocimiento, ni placas.

Por ejemplo, uno de los preceptos más valiosos en el judaísmo es que cuando nos cruzamos con un cortejo fúnebre debemos acompañarlos por lo menos cuatro pasos. Fue algo que me impactó cuando como estudiante rabínico viví en Israel. Estás en la calle y de pronto ves pasar una carroza fúnebre, y la gente sale de las pequeñas tiendas para acompañar durante algunos pasos al cuerpo. Aún sin conocer al fallecido, lo honramos. ¿Por qué es tan valioso? Porque no lo hacemos por interés, lo hacemos por dignificar a otra persona. Ése es el único valor. No hay recompensa.

Estas reflexiones me llevan a lo que será el tema de este texto. Quiero agradecerle a mi amigo Luis Rubio por haberme regalado un libro que fue de difícil lectura por su contenido, pero con un estupendo mensaje y plan de acción.

Se titula *The Second Mountain* y lo escribió David Brooks, el reconocido editorialista de *The New York Times.* En él nos pide que examinemos nuestra situación actual; el autor afirma que *en nuestras vidas tenemos al menos dos montañas que escalar.* La primera montaña es el momento cuando construimos nuestra carrera: descubrimos lo que podemos lograr, subimos la escalera del éxito y nos hacemos de un nombre y nos ganamos la vida. De hecho, Brooks hizo precisamente eso hasta que su mundo se derrumbó a su alrededor. Escribe Brooks:

> De vez en cuando, te encuentras con personas que irradian alegría, que parecen saber por qué ponen este corazón, que brillan con una especie de luz interior. La vida de estas personas a menudo ha seguido lo que podríamos considerar como una forma de dos montañas. Salen de la escuela, comienzan una carrera y empiezan a escalar la montaña con esfuerzo. Las metas de las primeras montañas son las que respalda nuestra cultura: tener éxito, dejar huella, experimentar la felicidad personal. Pero cuando llegan a la cima de esa montaña, algo sucede. Miran a su alrededor y encuentran la vista… insatisfactoria.
>
> Se dan cuenta: "Ésta no era mi montaña después de todo. Hay otra montaña más grande ahí fuera que es realmente mi montaña". Y entonces se embarcan en un nuevo viaje. En la segunda montaña, la vida pasa de centrarse en uno mismo a centrarse en los demás. Quieren las cosas que realmente valen la pena, no las cosas que otras personas les dijeron que

quisieran. El abrazar una vida de interdependencia, no independencia. Se entregan a una vida de compromiso.

En el libro, él explora los cuatro compromisos que definen una vida con sentido y propósito: *el cónyuge* y *la familia*, *la vocación*, *la filosofía* o *la fe* y *la comunidad*. Nuestra realización personal depende de qué tan bien elegimos y ejecutamos estos compromisos.

En resumen, el libro está destinado a ayudarnos a todos a llevar vidas más significativas. Pero también es un comentario social provocativo. Hemos llevado el individualismo al extremo y en el proceso hemos desgarrado el tejido social de mil formas distintas. El camino para repararlo es a través de compromisos más profundos, la búsqueda de una vida moral.

Estos años, a veces dolorosos, a veces alegres, han sido un avance en la educación en el arte y las dificultades de vivir. Yo creía que la vida iba mejor cuando tomamos la iniciativa individual, cuando tomamos el timón y dirigimos nuestro propio barco. Ya no creo que la construcción del carácter sea como ir al gimnasio: haces tus ejercicios y fortaleces tu honestidad, coraje, integridad y coraje. Ahora creo que el buen carácter es un subproducto de delatarse a uno mismo. *Amas las cosas que son dignas de amor. Te entregas a una comunidad o a una causa, haces promesas a otras personas, construyes una espesa jungla de relaciones afectuosas en los actos diarios. Dejas de priorizar el tiempo sobre las personas, la productividad sobre las relaciones.*

Brooks se cayó de la primera montaña y se encontró en un valle, un lugar de soledad, sufrimiento y duda. Un lugar de autoexamen, de reflexión, de autorreconocimiento, de honestidad y desafío. Se dio cuenta de que estaba en "una prisión del individualismo: el éxito individual, la autorrealización". Aunque pensó que estaba logrando sus metas, comenzó a darse cuenta de que una "buena" vida requiere más. Escribió: *"Me pregunté y les pregunto hoy, ¿qué más se requiere? ¿Qué puede faltar cuando tenemos éxito personalmente? ¿Qué tiene de malo estar satisfecho con las cosas buenas de la vida? ¿No es llegar a la cima de la montaña lo que se supone que debemos hacer?"*.

Para Brooks, su caída en desgracia fue devastadora, y sabía que tenía que descubrir no sólo qué salió terriblemente mal, sino cómo cambiar.

Después de años escalando la primera montaña, no tenía idea de qué hacer a continuación. Éste fue el comienzo de cinco años de introspección, lectura voraz, entrevistas, retiros y búsqueda de ejemplos de lo que realmente hace una vida "moralmente buena y decente".

No podía seguir repitiendo la forma en que había estado viviendo, preocupado principalmente por sí mismo y sus necesidades profesionales.

Para él, un cambio dramático era esencial. Brooks comprendió que habría un tiempo liminal, el espacio entre cómo eran las cosas y cómo él quería que fueran. Él llama a este tiempo de autoexamen "el valle". Gran parte de nuestro crecimiento personal ocurre en ese lugar, después de uno de estos tipos de crisis: la pérdida de un matrimonio o relación, del trabajo o la salud, la muerte de un ser querido, el dolor y la destrucción de la adicción, la desilusión y otras. Sin embargo, como nos dice el título del libro, hay una segunda montaña, muy diferente a la primera.

¿Será que al bajar o caer de la primera montaña, estamos destinados a vivir el resto de nuestra vida en el valle? Depende de nosotros.

Después de un tiempo en el valle, algunas personas encuentran su camino hacia la segunda montaña. Si la primera montaña se trataba de ser "egocéntricos", la segunda montaña es donde estamos "centrados en el otro". La primera montaña construye nuestro ego; la segunda montaña es donde lo dejamos ir.

La primera montaña se trata de adquisición y la segunda montaña se trata de contribución. Subimos solos la primera montaña, pero en la segunda montaña vamos del brazo con otros miembros de nuestras familias y comunidades. La primera montaña se trata de ser independientes y ambiciosos; la segunda montaña nos insta a encontrar intimidad y relaciones.

La primera trata del yo, la segunda del nosotros. La primera es la de conquistar el mundo, la sociedad. La segunda la de conquistarse a uno mismo. Y en medio de ambas, el valle, donde generalmente nos encontramos durante una crisis. Algunos viven un autoengaño y otros pasan sus vidas deambulando por el valle, buscando culpables o sin poder visualizar la segunda montaña. Otros más pasan una etapa en el valle y deciden buscar la segunda montaña, la de la madurez de nuestra vida, la de la paz interior, de la vida rodeada de familia y amigos y siendo parte de la comunidad.

Me pregunté y les pregunto a cada uno de ustedes: *¿En qué montaña estás? ¿Es aquí donde necesitas o quieres estar? ¿Podemos incorporar partes de cada montaña para hacer nuestras vidas más vitales y satisfactorias? ¿Dónde encontramos nuestra pasión y nuestro yo esencial y verdadero?*

Permítanme tratar de ayudarlos. Brooks nos habla de alguien llamado Luke, que trabajaba en un hospital. Esta historia ayuda a describir en qué montaña estamos y podría sugerir que un "cambio" puede ser simplemente mirar nuestro trabajo con una nueva perspectiva:

> En una de las habitaciones del hospital había un joven que había tenido una pelea y permanecía en un coma del que los médicos creían que nunca saldría. Todos los días su padre se sentaba a su lado en silenciosa vigilia. Habían pasado seis meses. Un día Luke entró y limpió la habitación cuando el padre no estaba allí. Más tarde, cuando Luke se encontró con el padre en el pasillo, el padre le gritó y lo acusó de no limpiar la habitación de su hijo.

Brooks dice que, si estamos en la primera montaña, lo que nos preocupa es simplemente hacer nuestro trabajo, y responderíamos a la defensiva: "Limpié la habitación de tu hijo. Tú no estabas ahí". En cambio, el conserje entró y limpió la habitación por segunda vez con el padre mirando. Brooks le preguntó acerca de esto y Luke respondió: "Sabía que este hombre necesitaba consuelo. Yo no estaba enojado. Puedo entenderlo. Ha estado sentado con su hijo durante tanto tiempo, lo puedo entender".

Brooks luego explica que la respuesta de Luke vino desde la segunda montaña: un lugar de compasión y reconocimiento de las necesidades de los demás. Veía su trabajo como algo más que limpiar habitaciones: estaba ayudando a las familias en tiempos de crisis, satisfaciendo sus necesidades.

David Brooks habla desde un lugar urgente. Como periodista, ha pasado años viajando por su país observando y comentando sobre las comunidades y su gente. Está preocupado por lo que ha oído y visto.

Nota que vivimos en una cultura de híperindividualismo y tenemos una crisis de conexión.

¡Muchos de nosotros nos quedamos demasiado tiempo en la primera montaña! Las personas están más aisladas y solas a medida que las comunidades pierden sus fundamentos compartidos. Hay un aumento impactante de enfermedades mentales, violencia con armas, adicción a los opioides, suicidio, desconfianza y miedo al otro.

Él remonta nuestro cambio cultural a la contracultura del individualismo, la libertad y la búsqueda de la autenticidad de la década de 1960. En el pasado, la cultura comunitaria y los apegos reemplazaban las necesidades del individuo. La comunidad y la mentalidad de "estamos juntos en esto" significó más que la búsqueda de la realización personal.

Ahora, 60 años después, muchos jóvenes se sienten desestructurados e inseguros. Viven sin autoridad ni normas comunitarias. Se les dice que se "lancen" a la vida y encuentren su propio camino. Esto contrasta con el pasado, cuando los adultos emergentes tomaron el trabajo de los padres, asumieron la tradición religiosa de su familia y modelaron sus identidades en las personas que los rodeaban.

La cultura del "libre para ser yo" exhortaba a los jóvenes adultos a encontrar sus propias carreras, sus propios valores, fe, tribu social y creencias. Nos quedamos con una crisis de propósito, subempleo, pérdida y falta de dirección moral.

Es difícil lanzarse solo a la vida. Podemos perdernos incluso mientras escalamos la primera montaña hacia el éxito. En contraste, se encuentra una mayor profundidad de sentimientos cuando vivimos y trabajamos en comunidades solidarias y conectadas. Algo que encontramos en la subida a la segunda montaña.

La tradición y la cultura, tanto antigua como contemporánea, nos ayudan a encontrar comprensión y valores éticos y nos desafían permanentemente a ser mejores personas.

Noé se enfrentó a la maldad de su generación y se salvó del diluvio. Rebeca tuvo una bondad extraordinaria y fue elegida para ser esposa del patriarca Isaac. Judá mostró remordimiento por lo que le hizo a su hermano y José los buscó y perdonó. David encontró valentía y se enfrentó a Goliat. La sabiduría del rey Salomón salvó la vida de un bebé.

El rabino Hillel preguntó: "Si no soy para mí, ¿quién será para mí? Si soy sólo para mí, ¿qué soy? Y si no es ahora, ¿cuándo?".

Tenemos muchos modelos en nuestra tradición y tenemos muchas montañas. Metafóricamente, se me ocurre que Ebal, el monte de las maldiciones, y Guerizim, el lugar de las bendiciones, citados en la Torá, podrían ser buenos ejemplos. *"Abre los ojos y observa en qué monte estás"*. Podemos escalar y vivir una época en la montaña de la maldición pensando que es el lugar soñado, o podemos transitar el valle y elegir la montaña de la bendición.

Estamos ante una nueva oportunidad para elegir. Ante cada uno hay una oportunidad para crear una posibilidad para la conexión, para el perdón, para momentos de santidad en nuestra vida, para el cuidado mutuo, el valor, la sabiduría y la sanación.

La primera montaña nos habla del éxito individual y de la voluntad de poder. Llegar a la cúspide requiere un esfuerzo titánico, pero sólo sirve para satisfacer las necesidades inmediatas del ego. Es el camino que siguen los triunfadores encantados de contemplarse y ver sus logros. Pero detrás de esa primera montaña surge otra cima, aún más alta, de signo casi opuesto: es la del servicio a los demás, la de la primacía de la comunidad sobre el logro individual. Y entre ambas montañas está el valle de la transición, donde el ser humano se cuestiona y replantea su vida. Son los periodos críticos: bien la adolescencia, bien el mediodía de la vida ya en la cuarta o en la quinta década, cuando el fracaso, el vacío existencial o la pérdida de un ser querido nos enfrentan con el misterio. Pero la segunda montaña está esperando nuestra decisión personal.

Abre los ojos. ¿En qué montaña de tu vida estás? ¿Estás en la montaña de fuegos artificiales o estás en la montaña de la revelación? ¿Estás en la montaña del yo o en la del nosotros?

¿Estás en la montaña del *humanismo fallido, en el valle de la transición* o en la montaña de una vida *de ternura y consideración* hacia las y los demás?

Abre los ojos y elige.

La mayoría de los problemas en la vida
se dan por dos razones:
o actuamos sin pensar,
o seguimos pensando ¡sin actuar!

LO QUE DEJAMOS ATRÁS

Estamos demasiado concentrados en las muchas preguntas que surgieron a raíz del cambio de nuestra situación. Es como si el mundo hubiera quedado atrás, o por lo menos como si en este momento estuviera detrás de nosotros, mientras que frente a nosotros hay un mundo al que todavía no le hemos dado forma, pero al que hemos sido empujados con una fuerza que nos obliga a separar uno de otro. Estamos permanentemente ocupados con nuestros pensamientos, entre nuestras luchas internas y las realidades externas tan cambiantes de nuestra existencia humana. Y mientras tanto, cada uno de nosotros está haciendo su viaje, cada uno está en la plenitud del viaje de la vida.

Pero no teman. Estamos equipados para el viaje; tenemos la preparación suficiente. Voy a tratar de reforzar esta idea. Es natural que uno sienta temor, que dude de su fe, que sienta que no hay un control de nuestra propia vida. Perdimos la noción del tiempo. Escuchamos a mucha gente decir: "Ya no sé ni en qué día vivo". ¿Qué está pasando? Parece que estamos desajustados, por eso hablo de un nuevo mundo, de un nuevo génesis para tratar de darle a la realidad una forma mejor que nos permita vivir con satisfacción y con tranquilidad, con menos angustia y menos tensión.

Quiero citarles una frase de Joseph Campbell: *"Tienes que esforzarte cada minuto para deshacerte de la vida que has planeado para tener la vida que te está esperando"*. Es decir que cuando hacemos esta transición entre un mundo y otro no podemos tener la soberbia tal vez o la falta de flexibilidad para entender que debemos ajustarnos a un nuevo cambio.

¿Y por qué esto es importante? Porque no somos los primeros que atraviesan problemas, nosotros somos en realidad un grupo que se integra a una generación. Cada uno de nosotros lo está haciendo. Y esa generación nos ha pasado sus valores, sus ideas, sus experiencias. Cada uno de nosotros avanza en esa unión, tratando de unir las ideas de otros con las nuestras de la mejor manera posible. Pero si estamos pensando en una nueva etapa en la vida, en una nueva forma de vida en un mundo que el covid-19 nos ha hecho replantearnos, no podemos pretender pasar con la vieja perspectiva, tal como somos, a una nueva sensación, a un nuevo plan, a un nuevo viaje. Tenemos que ajustar nuestros valores, nuestros pensamientos, nuestros temores, nuestras ambiciones.

Lo que planteamos aquí es que no pasamos de un mundo a otro en ceros; cada uno de nosotros trae su historia, sus valores; cada uno de nosotros trae todo aquello que conforma su ser, su historia personal y su destino. Pasamos tiempos muy difíciles atravesando la vida, tal y como hicieron todos los que nos precedieron, como ellos nos han enseñado. También podemos pensar que nuestro camino es más fácil que el de ellos; pero no, no lo es, es simplemente diferente. Sin embargo, todo lo que aprendimos de sus historias, todo lo que hemos aprendido y escuchado (si es que pudimos o quisimos escuchar), nos da muchísima más seguridad en este momento de nuestro viaje, en esto que estábamos tratando de averiguar.

Les quiero contar una historia que les va a ayudar a entender mi mensaje de manera más clara, pero quisiera preguntarles si el inicio del camino no es acaso a través de la introspección; es decir, a través de vernos hacia adentro y no hacia fuera, proyectándonos frente a un espejo.

Me gusta mucho utilizar la idea del espejo; es muy representativa. Nos muestra la realidad, nuestra realidad: significa vernos no como *creemos* que somos sino como *efectivamente* somos, tanto por fuera como —más difícil, mucho más difícil— por dentro.

Creo que esa forma de introspección es una necesidad esencial en nuestra vida en este momento, para darnos la posibilidad de entender lo que significa la resiliencia; es decir, lo que significa poder ajustarnos a un nuevo momento de nuestra alma, de nuestro ser y de nuestro proyecto. Vivir reviviendo las experiencias de nuestros antepasados como si nosotros estuviéramos viviéndolas.

Lo que debemos preguntarnos es por qué nuestro camino debería ser más fácil que el que nuestras generaciones anteriores nos heredaron. Si realmente nos detenemos en la pregunta comprenderemos que cada uno de nosotros, en cada generación, tiene que encontrar y transitar su propio camino. Cada uno de nosotros tiene que sentir que está listo para enfrentar este nuevo mundo, este nuevo desafío, esta crisis que nos ha tocado vivir, apoyado en todo lo que heredamos en nuestro ser de nuestras generaciones anteriores.

¿Podremos cambiar de planes?

DILE SÍ A LA VIDA

A lo largo de nuestros encuentros hemos tratado muchos temas, todos alrededor de cómo podemos ser mejores y cómo vivir una vida más completa; yo traté de integrar mi punto de vista compartiendo historias y pensamientos de diversos autores. Más aún, les confieso que muchas de las preguntas que he planteado aquí son las que me hago a mí mismo. Asumo muchos de los pensamientos, comparto ideas, silencio críticas (en especial las sociales) y busco que al final de cada encuentro tengamos la posibilidad de platicar con alguien nuestras reacciones, compartir nuestras respuestas.

Bien, no quiero ponerme demasiado sentimental, estamos juntos en este viaje y estoy seguro de que mientras avanzamos por la vida todos seremos mejores, más completos, más sensibles, más generosos y esforzados en subir la segunda montaña de nuestra vida.

Hoy, quiero hablarles sobre un gran ser humano, uno de mis héroes personales; alguien de quien he aprendido la esencia del sentido de la vida y cuyo mensaje espero poder transmitir con el honor que merece.

Viktor Frankl fue un psiquiatra, neurólogo y filósofo austriaco, creador de la logoterapia, que vivió en su propia piel los horrores del Holocausto al ser prisionero en varios campos de concentración nazis. De hecho, a partir de su experiencia, escribió *El hombre en busca de sentido*, su libro más conocido y el relato de cómo hizo frente a la adversidad.

Frankl dijo que lo que lo ayudó a sobrevivir en el campo de concentración fue tener un propósito de vida. Él creía que ésta es la clave en tiempos difíciles. En su libro, afirmó que hay tres formas en que las personas pueden encontrar el sentido de la vida: haciendo o creando algo, apreciando la naturaleza y adaptándose ante situaciones de vida inevitables, como la muerte (o las pandemias). "Nuestras vidas adquieren sentido a través de nuestras acciones, a través del amor y el sufrimiento", dijo literalmente.

Si bien al comienzo muchos vieron la cuarentena como una minivacación bienvenida para limpiar los armarios y ponerse al día con el papeleo, o un momento para reagruparse, pronto las frustraciones aumentaron, ya que somos una sociedad que generalmente está huyendo. Si bien los expertos médicos aconsejaron quedarse en casa, muchas de las personas que no eran de alto riesgo optaron por salir al público con cubrebocas y, en la medida de lo posible, manteniendo el distanciamiento social. Debido a que esta emergencia no tuvo precedentes y a que se recibieron instrucciones e informes contradictorios, las personas decidieron su propio curso de acción, que dependió en gran medida de su visión del mundo y su propósito de vida. Debido a que soy de alto riesgo, y a que creo que estamos juntos en esto y tenemos que hacer nuestra parte, yo continué en cuarentena hasta el último momento.

Ahora bien, un propósito de vida es lo que nos impulsa. Cuando conocemos el propósito de nuestra vida y actuamos en consecuencia, hay una sensación de flujo, como si nos dirigiéramos en la dirección correcta, y todo parece estar bien.

Hace algunos meses supe que se publicó por primera vez al español un libro de Viktor Frankl titulado *A pesar de todo, decir sí a la vida*, que nos enseña cómo la música, la naturaleza y nuestro amor mutuo ayudan a nuestra supervivencia y le dan sentido a la existencia. Es un pequeño y poderoso libro con tres conferencias que Viktor Frankl pronunció en Viena en 1946, apenas once meses después de sobrevivir la Shoá, como prisionero de varios campos de exterminio. Durante esa época, Frankl perdió a su madre, a su padre, a su hermano y a su esposa embarazada. Es una reflexión y confesión inmensamente conmovedora sobre ir más allá del optimismo y el pesimismo para encontrar la fuente más profunda de significado de la vida. Repasemos algunos de los temas, ya que es imposible trabajar con la profundidad que me gustaría en tan poco tiempo. Los invito a leer sus libros. Cito a Frankl:

> En promedio, los seres humanos son demasiado negligentes como para asumir sus responsabilidades. En efecto, la carga es dura, no solamente resulta difícil reconocerla, sino también reconocerse a sí mismo con respecto a ella. Decir sí con respecto a ella y con respeto a la vida. Cuando los presos de Buchenwald cantaban "a pesar de todo queremos decir sí a la vida", no solamente cantaban, realizaban actos heroicos. Ellos y la demás gente en los otros campos fueron capaces de llevar a cabo esos logros en condiciones inenarrables, tanto externas como personales. Quiero mostrarles a ustedes que, a pesar de todo, a pesar de la penuria y la muerte, a pesar del sufrimiento derivado de la enfermedad corporal o anímica o del destino en el campo de concentración, ¡el ser humano puede decir sí a la vida!

Para reforzar su mensaje, Viktor Frankl nos da el siguiente ejemplo:

> Imagina que estás sentado en un concierto escuchando tu sinfonía favorita y tus notas favoritas resuenan en tus oídos; la música te conmueve tanto que te hace temblar. Ahora imagina que sería posible (algo que es psicológicamente imposible) que alguien te preguntara en este mismo momento si tu vida tiene sentido. Creo que estarías de acuerdo conmigo si declarara que en este caso sólo sería capaz de dar una respuesta, y sería algo así como: "Hubiera valido la pena vivir sólo por este momento".

Una pausa. Este pasaje me conmovió hasta las lágrimas. Me detengo y me pregunto, te pregunto: ¿hay alguna experiencia, algún recuerdo ante el cual podrías responder: "Hubiera valido la pena vivir sólo por este momento"?

Por si fuera poco, Viktor Frankl hace una distinción entre el significado *de* la vida y el significado *en* la vida: "El significado de la vida es nuestro mayor propósito, la razón por la que nacimos. El significado en la vida es cómo recibimos y aceptamos cada momento de nuestra vida".

Definitivamente nadie puede decidir por nosotros. Nadie puede obligarnos a sentir o a hacer algo que no queremos, tenemos que vivir en libertad. No podemos estar donde no nos necesiten ni donde no quieran nuestra compañía. No podemos entregar el control de nuestra existencia, para que otros escriban nuestra historia. "Al hombre se le puede arrebatar todo, salvo una cosa: la última de las libertades humanas —la elección de la actitud personal que debe adoptar frente al destino— para decidir su propio camino".

Mirando hacia atrás, sobre la brutalidad de los campos, Frankl comenta:

> Lo que quedaba era la persona individual, el ser humano, y nada más. Todo se había alejado de él durante esos años: dinero, poder, fama; ya nada era seguro para él: ni la vida, ni la salud, ni la felicidad; todo había sido cuestionado para él: vanidad, ambición, relaciones. Todo se redujo a la simple existencia. Quemado por el dolor, todo lo que no era esencial se derritió; el ser humano se redujo a lo que era en última instancia: un miembro de las masas y, por lo tanto, nadie real; realmente nadie, el anónimo, un sin nombre. Una cosa en la que "él" se había convertido ahora, sólo un número de prisionero; o, de lo contrario, se derritió hasta su ser esencial.

La crítica literaria Maria Popova escribió: "Frankl trata la cuestión de encontrar un sentido cuando el mundo nos da muchas razones para ver la vida como sin sentido: la cuestión de *'seguir viviendo a pesar del cansancio mundial persistente'*".

Escribiendo en la posguerra, la etapa anterior a la era dorada del consumismo, Frankl primero desmantela la noción de que el significado se encuentra en la búsqueda y adquisición de varios placeres:

> Imaginemos a un hombre que ha sido condenado a muerte y, unas horas antes de su ejecución, le han dicho que es libre de decidir sobre el menú de su última comida. El guardia entra en su celda y le pregunta qué quiere comer. Le ofrece todo tipo de manjares, pero el hombre rechaza todas sus sugerencias. Piensa para sí mismo que es bastante irrelevante si introduce buena comida en el estómago de su organismo o no, ya que en unas pocas horas será un cadáver. Incluso los sentimientos de placer que aún se pueden sentir en los ganglios cerebrales del organismo parecen inútiles en vista del hecho de que en dos horas serán destruidos para siempre. Pero

toda la vida se enfrenta a la muerte, y si este hombre hubiera tenido razón, entonces toda nuestra vida también carecería de sentido si tuviéramos que luchar por el placer y nada más, preferiblemente el mayor placer y grado de placer posible. El placer en sí mismo no puede dar sentido a nuestra existencia; así, la falta de placer no puede quitarle sentido a la vida, lo que ahora nos parece obvio.

Frankl también cita un verso corto del gran poeta y filósofo indio Rabindranath Tagore, un hombre que pensaba profundamente en la naturaleza humana:

Dormí y soñé que la vida era alegría.
Me desperté y vi que la vida era deber.
Trabajé y he aquí que el deber era alegría.

Frankl reflexiona sobre el punto poético de Tagore: la vida es, de alguna manera, un deber, una obligación única y enorme. Y ciertamente también hay alegría en la vida, pero no puede ser perseguida, no puede ser "forzada a ser" como alegría; más bien, debe surgir espontáneamente. Y, de hecho, surge espontáneamente, tal como puede surgir un resultado: la felicidad no debe, y nunca puede, ser una meta, sino sólo un resultado: el resultado del cumplimiento de lo que en el poema de Tagore se llama deber. Todo esfuerzo humano por la felicidad, en este sentido, está condenado al fracaso, ya que la suerte sólo puede caer en el regazo de uno, pero nunca puede ser perseguida. La vida es, por tanto, de alguna manera *deber, un único gran compromiso.*

En este punto, sería útil entender que la pregunta ya no puede ser: "¿Qué puedo esperar de la vida?". Ahora sólo puede ser: "¿Qué espera la vida de mí?". Es decir, ¿qué tarea me espera en la vida?

Frankl afirma que, en el análisis final, la pregunta sobre el significado de la vida *no* se hace de la manera correcta. No somos nosotros quienes tenemos permitido preguntar sobre el significado de la vida, es la vida la que hace las preguntas. Somos nosotros quienes debemos responder, debemos dar respuestas a la constante pregunta horaria de la vida a las esenciales "preguntas de la vida".

Frankl agrega una advertencia de tremenda importancia. La pregunta que nos hace la vida, y al responder que podemos darnos cuenta del significado del momento presente, no sólo cambia de una hora a otra, sino que también cambia de persona a persona: la pregunta es completamente diferente en cada momento para cada individuo.

> El hecho, y sólo el hecho, de que somos mortales, de que nuestras vidas son finitas, de que nuestro tiempo está restringido y nuestras posibilidades son limitadas, es lo que hace que sea significativo hacer algo, explotar una posibilidad y convertirla en una realidad, para cumplirla; usar nuestro tiempo y ocuparlo. La muerte nos da la compulsión de hacerlo. Por lo tanto, la muerte forma el trasfondo contra el cual nuestro acto de ser se convierte en una responsabilidad.

A través de sus obras, Viktor Frankl nos enseña la importancia de una vida con sentido y significado, y la necesidad de transformarnos a nosotros mismos cuando no podemos cambiar las circunstancias que nos rodean. Sin duda, Frankl es un ejemplo de resiliencia y superación justamente para nuestros días actuales.

Frankl experimentó la vida en los campos de concentración nazis como un asalto constante a la dignidad de una persona. Descubrió que no podía controlar su vida, pero podía controlar su respuesta a lo que se le imponía. La vida se convirtió no sólo en una lucha física sino espiritual, una lucha para proteger su propia humanidad de las condiciones deshumanizantes que lo rodeaban:

> En realidad, hubo una oportunidad y un desafío —escribió—. Se podría hacer una victoria de estas experiencias, convirtiendo la vida en un triunfo interior, o se podría ignorar el desafío y simplemente vegetar. La forma en que un hombre acepta su destino y todo el sufrimiento que conlleva, la forma en que toma su señal, le da una amplia oportunidad, incluso en las circunstancias más difíciles, de un significado más profundo para su vida.

Frankl descubre que mientras el cuerpo crece según lo que consume, el alma crece según la medida del amor que derrama:

> Los que vivimos en campos de concentración podemos recordar a los hombres que caminaban por las chozas consolando a otros, regalando su último trozo de pan. Puede que hayan sido pocos en número, pero ofrecen pruebas suficientes de que al hombre se le puede arrebatar todo, salvo una cosa, la última de las libertades humanas: la elección de la actitud personal que debe adoptar frente al destino, para decidir su propio camino.

Una mañana de invierno, Frankl estaba con un grupo de prisioneros cavando una zanja en el suelo helado. El cielo estaba gris, los harapos eran grises, sus rostros estaban grises. Comenzó a conversar, en silencio, mentalmente, con su amada esposa, a pesar de que ella estaba en algún lugar fuera del campamento y tal vez ya estuviera muerta. Arañó el suelo durante horas mientras declaraba internamente su amor por su esposa. De repente, lo invadió una extraña sensación:

> Sentí que mi espíritu atravesaba la oscuridad envolvente. Lo sentí trascender ese mundo sin esperanza y sin sentido, y desde algún lugar escuché un "sí" victorioso en respuesta a mi pregunta sobre la existencia de un propósito último. En ese momento se encendió una luz en el cortijo lejano. El guardia pasó insultándome, y una vez más me comuniqué con mi amada. Cada vez más sentía que ella estaba presente, que estaba conmigo, tenía la sensación de que podía tocarla, de que podía extender mi mano y tomar la suya. La sensación era muy fuerte, ella estaba allí.

Un pájaro voló silenciosamente y se posó frente a él. Se miraron el uno al otro.

> Por primera vez en mi vida vi la verdad tal como la cantan tantos poetas, proclamada como la sabiduría final por tantos pensadores. La verdad: que el amor es la meta última y más alta a la que el hombre puede aspirar. Entonces comprendí el significado del secreto más grande que la poesía humana y el pensamiento y las creencias humanas tienen que impartir: *la salvación del hombre es a través del amor y en el amor.* Comprendí cómo un hombre que no tiene nada en este mundo todavía puede conocer la dicha, aunque sea por un breve momento, en la contemplación de su amada.

Frankl dijo que ésta era la primera vez que entendía la frase: *"Los ángeles están perdidos en la contemplación perpetua de la gloria infinita"*. Pasó el resto de su larga vida argumentando que el motivo principal de los seres humanos no es el dinero ni la felicidad, sino el significado. Sobre todo, nos sentimos impulsados a comprender el propósito de nuestras vidas. Una vez que comprendemos eso, incluso las condiciones más adversas no podrán alterar nuestra paz interior.

Frankl llegó a darse cuenta de que ni siquiera importaba si su amada se había ido de este mundo. Fue el derramamiento de amor lo que fue su salvación. En el curso de su investigación en el campo, descubrió que los prisioneros que murieron rápidamente por enfermedad o algún colapso eran aquellos que no tenían nada fuera del campo con lo que estuvieran comprometidos. *Pero aquellos que sobrevivieron tenían algún compromiso externo que deseaban y hacia el que se empujaban, ya fuera un libro que se sintieron llamados a escribir o una familia a la que se vieron obligados a regresar.* Un día, en el campo de concentración, conoció a una joven enferma y agonizante en la enfermería: "Estoy agradecida de que el destino me haya golpeado tan fuerte —le dijo ella—. En mi vida anterior estaba malcriada y no tomaba en serio el logro espiritual".

Se sentía sola en su lecho de muerte, pero le dijo que se había hecho amiga de la única criatura que podía ver, un castaño justo afuera de su ventana: *"Este árbol es el único amigo que tengo en mi soledad"*. Dijo que a menudo hablaba con el árbol. Frankl no supo qué responder, y preguntó si el árbol le respondía. Ella dijo que sí. El árbol le decía: *"Estoy aquí, estoy aquí; soy la vida, la vida eterna"*. La conexión trascendente con la vida eterna explicaba la tranquilidad y el buen humor de la joven frente a la muerte.

Definitivamente nadie puede decidir por nosotros. Nadie puede obligarnos a sentir o a hacer algo que no queremos, tenemos que vivir en libertad. No podemos estar donde no nos necesiten ni donde no quieran nuestra compañía. No podemos entregar el control de nuestra existencia, para que otros escriban nuestra historia. *"Al hombre se le puede arrebatar todo, salvo una cosa, la última de las libertades humanas: la elección de la actitud personal que debe adoptar frente al destino, para decidir su propio camino"*.

Quiero compartir ahora un recuerdo personal. Siendo seminarista, fui invitado a trabajar con la juventud de una comunidad en Buenos Aires. Por razones del destino, su rabino se enfermó de gravedad y yo pasé a actuar desde el púlpito, lo que me dio mucha práctica. Es una comunidad fundada por judíos inmigrantes en su mayoría, que huyeron de Alemania y también de Austria. Hoy es una gran comunidad con la que sigo manteniendo un lazo emocional y de recuerdos. Para mí tiene el nombre más poderoso que conozco para una sinagoga; de hecho, su nombre es un reflejo de lo que hoy hablamos. Se llama Lamroth Hakol, que en hebreo significa "a pesar de todo".

Retomo el relato de Viktor Frankl que cité antes: *"Y cuando los presos de Buchenwald cantaban 'a pesar de todo queremos decir sí a la vida', no solamente cantaban, realizaban actos heroicos"*. Crear como sobrevivientes, inmigrantes del horror, una sinagoga y nombrarla Lamroth Hakol, lo entiendo hoy más claro. Es la voz de Frankl, la voz de los sobrevivientes y la memoria de los que no lo lograron. *A pesar de todo, decir* sí *a la vida.*

Un último relato: cerca de 1940, Frankl solicitó la visa para ingresar a los Estados Unidos de América, y le fue concedida. Sin embargo, le angustiaba la suerte que correrían sus padres, ya mayores, y también todos sus pacientes. Fue entonces cuando tomó una decisión estremecedora, que él describió así:

> Sobre el aparato de radio estaba un fragmento de roca. Le pregunté a mi padre qué era eso. Era un pedazo de mármol que rescató como recuerdo cuando los nazis incendiaron la sinagoga. En la piedra estaba grabada en dorado una letra hebrea. Mi padre me dijo que la letra aparecía solamente en uno de los Mandamientos, en el Cuarto Mandamiento, que dice: "Honra a tu padre y a tu madre". Después de eso, decidí permanecer en Austria y dejar que mi visa americana caducara. [...] Yo quería simplemente transmitirle al lector, a través de un ejemplo concreto, que la vida tiene un significado potencial en todas las condiciones, incluso en las más miserables.

¡Qué mensaje de vida! Es hacia la fe adonde debemos inclinarnos, insistía Frankl. Los invito a que busquemos el sentido de la vida, el significado de nuestra misión, y cantemos *"a pesar de todo queremos decir sí a la vida"*.

Recuerda: no importa lo que la vida pone frente a ti. A pesar de todo, debemos siempre decir sí a la vida. Elijamos siempre la bendición.

DEL PENSAMIENTO DE VIKTOR FRANKL SOBRE...

Las lágrimas. *"No hay que avergonzarse de las lágrimas, las lágrimas son el testimonio de que un hombre tuvo coraje, de que tuvo el valor de sufrir"*.

Llorar no es un signo de debilidad, sino una muestra de valentía. Las lágrimas llevan consigo el valor de expresar nuestras emociones y cómo nos sentimos, de sacar hacia afuera eso que nos ahoga y nos ata por dentro cuando las palabras no alcanzan para expresar aquello que desborda el alma. Nos ayudan a desahogarnos, a comunicarnos y a decir a los demás que sufrimos, que no nos encontramos bien, y a mostrarnos tal y como somos. Las lágrimas son una llamada a la empatía y al apoyo de los demás.

La búsqueda del sentido de la vida. *"Cuando una persona no puede encontrar un sentido profundo de su significado, se distrae con el placer"*.

Así, cuando no se encuentra el sentido, el poder y el placer son los principales ejes de la motivación de la conducta, los que gobiernan la vida de la persona y los que a su vez la llevan al sinsentido y a la experiencia de vacío existencial. Esto sucede porque la persona convierte la búsqueda de la felicidad en un fin en sí misma y se sumerge en espirales de placer que acaban por no llenarla y ser el parche que momentáneamente anestesia sus sufrimientos.

Una vez que le damos un significado a la vida, no sólo nos sentimos un poco mejor, sino que, además, también hallamos la capacidad de lidiar con el sufrimiento. Así, encontrar un propósito, descubrir el significado de nuestra vida, es verdaderamente transformador, porque todo cambia, hasta la propia capacidad para afrontar la adversidad. Pues teniendo un "porqué" es posible hacer frente a todos los «cómo»; cualquier sufrimiento se convierte en un desafío.

"He encontrado el significado de mi vida ayudando a los demás a encontrar en sus vidas un significado". Tras su experiencia Viktor Frankl tuvo claro su propósito: ayudar a los demás a encontrar el sentido y significado de sus vidas, y a sobrellevar el dolor emocional. Y así lo hizo, pues todo su enfoque gira en torno a la voluntad de sentido. "La logoterapia no es un conjunto de bellas y buenas ideas, sino una teoría que culmina en acción".

El poder de la actitud. *"Cuando ya no podemos cambiar una situación, tenemos el desafío de cambiarnos a nosotros mismos".*

La vida nunca se vuelve insoportable por las circunstancias, sino sólo por falta de significado y propósito.

El poder del amor. "El amor es la meta última y más alta a la que puede aspirar el hombre. Percibí entonces, en toda su profundidad, el significado del mayor secreto que la poesía, el pensamiento y las creencias intentan comunicar: la salvación del hombre consiste en el amor y pasa por el amor".

El poder del éxito y la felicidad. El éxito, como la felicidad, es el efecto secundario inesperado de la dedicación personal a una causa mayor que uno mismo.

El poder de decidir. Las decisiones, no las condiciones, determinan quiénes somos. Decidir y defender nuestras decisiones configurarán nuestro "yo", más allá de las circunstancias externas.

Qué bien que nos vendría un abrazo
que nos acomode un poco.
Que nos haga ver que no estamos tan solos.
Ni tan locos. Ni tan rotos.

Mario Benedetti

LA VERDADERA EMPATÍA

Terry Hershey escribe en su libro *El poder de la pausa* que "mientras nos esforzamos por alcanzar la perfección, dejamos de lado lo ordinario. Mientras nos apresuramos por mejorar, no damos nuestro mejor esfuerzo por hacer el bien. Mientras anhelamos algo nuevo y mejorado, extraemos la alegría de lo viejo y confiable". Hershey sugiere que hagamos una pausa y observemos esos momentos ordinarios. Son bocados con alegría escondida en lo más profundo de su interior.

Permítanme ofrecer un ejemplo simple. Cierto día, una joven y su amiga se reunieron para jugar en casa de una de ellas. Tras un reto de juegos, la invitada perdió su muñeca favorita. Estaba desconsolada. Se sentó en los escalones y empezó a llorar. Cuando la madre de la primera niña salió para ver cómo estaban, las encontró a ambas sentadas en el escalón, sollozando. Les preguntó qué pasaba y su hija le dijo entre lágrimas que su pequeña amiga había perdido su muñeca favorita. La madre pareció desconcertada por un momento y luego le preguntó a su hija: "¿Tú también perdiste tu muñeca?". "No", sollozó la hija. "Entonces, ¿qué te pasa?", insistió la madre. "Nada", suspiró la niña, "sólo estoy ayudando a Suzie a llorar".

Como ven, eso es la verdadera empatía: sentir lo que siente otra persona. Es el arte de ponerse imaginativamente en el lugar de alguien más, comprender sus sentimientos, sus experiencias, sus perspectivas, su forma de ver el mundo… Y utilizar esa comprensión para guiar sus propias acciones.

Pero la empatía no es interés; tampoco simpatía. La simpatía es cuando lo siento *por ti*; la empatía es cuando siento *contigo*. La simpatía es cuando dices: "Sé que estás sufriendo"; la empatía es cuando me esfuerzo por sentir y comprender tu dolor desde tu perspectiva, cuando me duele junto a ti.

Imaginemos que alguien ha caído en un profundo y oscuro pozo en su vida. Y desde ahí nos grita: "Estoy estancado, está oscuro y estoy abrumado". La simpatía es cuando miramos por encima del borde de ese pozo, saludamos con la mano y decimos: "Auch, eso se ve muy mal". La empatía es cuando bajamos al hoyo, nos paramos junto a esa persona y le decimos: "Oye, sé cómo es aquí abajo. He estado aquí también. No estás solo".

En lo profundo de nosotros mismos existe el conocimiento de que estamos en paz, de que no necesitamos mirar hacia atrás ni saltar rápidamente hacia adelante, sino que somos dignos tal como somos, en ese momento, ahora mismo. Somos dignos de amarnos a nosotros mismos plenamente, con defectos y todo. La vida es digna de vivirse con alegría, incluso con todos los momentos tristes. Hay momentos preciosos justo frente a nosotros que esperan ser abrazados.

Sentir el dolor de otra persona puede abrir nuestras propias heridas, incluso aquellas que hemos logrado reprimir, y hacernos sentir emociones que quizás no queremos sentir. Mirar las cosas desde la perspectiva de otra persona también puede desafiar nuestras propias creencias y suposiciones.

Parte del problema es que en esta época sufrimos de una creciente concentración en nosotros mismos. La disminución de la empatía se debe a que la propia tecnología nos hace menos empáticos. No sólo debido a que estamos en nuestras computadoras, tabletas y teléfonos todo el tiempo, sino a la mera presencia de la tecnología en nuestras vidas. ¿Sabías que algunos estudios muestran que si hay un teléfono apagado sobre la mesa entre dos personas, esas personas se escuchan menos entre sí? ¿No es fascinante? Nuestra resistencia a la empatía también proviene de estar en un constante estado de negación. Quizás sentimos vergüenza o culpa porque tenemos vidas privilegiadas con respecto a otras personas. Quizás nos alejamos de los demás porque no queremos admitir que podríamos ser de alguna manera responsables de su sufrimiento. Entonces, nos decimos a nosotros mismos que nuestras acciones realmente no cambiarán nada. Y si somos honestos, parte de nuestra resistencia a la empatía proviene también de nuestros propios prejuicios, que nos dificultan apreciar la humanidad y la singularidad de las historias personales de otras personas.

Entonces, ¿cómo recuperamos nuestra capacidad de empatizar? Comienza con la herramienta más básica: escuchar. Escuchar de verdad; lo que comúnmente se llama escucha "activa" o "empática". Eso significa estar completamente concentrados en estar presentes cuando alguien nos habla, en lugar de quedar atrapados en nuestra propia reacción o preparar nuestra respuesta. Tenemos que estar dispuestos a dejar por un momento nuestra visión del mundo y ponernos las gafas de otra persona. Debemos permitirnos ver el mundo a través de los ojos de los demás, experimentar lo que ellos experimentan, sentir lo que ellos sienten, conocer y comprender su verdad, ya sea que estemos de acuerdo con ella o no; nos guste o no, pues esa verdad en el mundo es válida al igual que la nuestra, y tenemos que apoyarlos en ella.

Cuentan que un estudiante estaba visitando a su maestro, el rabino Abraham Joshua Heschel, cuando el rabino recibió una llamada en la que le avisaron que la hermana de un gran amigo acababa de morir. Inmediatamente el rabino se levantó y le dijo a su estudiante: "Tenemos que irnos". Viajaron desde Nueva York hasta Boston y llegaron a la casa del amigo. Heschel entró, abrazó a su amigo con mucha emoción y se sentó a su lado durante poco más de una hora. No murmuró una sola palabra, ni siquiera las acostumbradas: "¿Cuántos años tenía?", "Sé cómo te sientes", o "El tiempo lo sanará". Permaneció en absoluto silencio durante todo el tiempo y escuchó, y cuando su amigo terminó de hablar y llorar y contar episodios de la vida de su hermana, Heschel se levantó, abrazó a su amigo y se fue.

En el viaje de regreso, el estudiante le preguntó a su maestro: "¿Conocías bien a la hermana que murió?". A lo que su maestro respondió: "No. Nunca la conocí". El estudiante estaba perplejo: "¿Y por qué viajamos dos horas en cada tramo y estuviste en silencio más de una hora?". El rabino Heschel simplemente respondió: *"Porque era lo que él necesitaba".*

La empatía es mucho más que palabras. Debe ser la demostración de un sentimiento, una demostración de nobleza, y el propósito de actuar como un mensajero de Dios.

ENSÉÑANOS A CONTAR NUESTROS DÍAS

Hay un viejo dicho chino que dice: "El mejor momento para plantar un árbol fue hace 20 años. El segundo mejor momento es hoy". A medida que envejecemos, nos damos cuenta de que había árboles que deberíamos haber plantado en la juventud. Pero eso está bien. ¡Tenemos una segunda oportunidad hoy! En la juventud es cuando somos más activos, más creativos, más capaces de razonar y de resolver problemas novedosos. La mayoría de los grandes descubrimientos se produce durante la primera etapa de la vida.

Pero hay una segunda etapa, lo que el conocido científico social Arthur C. Brooks llama en su libro *From Strength to Strength* "la segunda curva". Se refiere a la inteligencia que una persona adquiere a lo largo de la vida, a través de la experiencia y el aprendizaje. En palabras de Brooks: "Cuando eres joven, tienes una inteligencia pura; cuando seas viejo, tendrás sabiduría".

Eso es lo que quiere decir el salmista cuando escribe: "Enséñanos a contar nuestros días, para que adquiramos un corazón de sabiduría".

Hoy en día, la mayoría de nosotros hemos adquirido sabiduría a lo largo de los años. Para aquéllos de nosotros que de alguna manera no hemos conseguido, al menos en nuestra opinión, criar a nuestros hijos como deberíamos, pues ¡Yogi Berra tenía razón!: "¡No se acaba hasta que se acaba!". ¡Aún hay tiempo para mejorar! ¡Sabemos más ahora! Puede que no quede mucho tiempo, pero todavía hay tiempo para sanar las heridas, pedir disculpas y acercarnos a nuestros hijos, a nuestros hermanos, a nuestros compañeros, a nuestros amigos. Si no tuvimos una relación cercana con nuestros hijos o hijas, tal vez si nos acercamos, podamos volver a tener una relación mejor con nuestros yernos o nueras. A su edad, son tan inseguros como nosotros a esta edad.

De hecho, si nos equivocamos con nuestros hijos, Dios nos da una segunda oportunidad: Dios nos da nietos. Si fuimos demasiado estrictos con nuestros hijos, o si estábamos demasiado ocupados trabajando para ganarnos la vida y no tuvimos tiempo para ellos, podemos compensarlo dedicando tiempo a nuestros nietos. Por ejemplo, si no les dimos suficientes dulces a nuestros hijos y, como resultado, tienen dientes que sufren por falta de chocolate, podemos compensarlo dándoles panecillos a nuestros nietos.

Hay días y momentos que nos brindan la oportunidad de volver a correr con nuestros padres. Ellos se fueron, pero nosotros estamos aquí. No pueden cambiar, pero nosotros podemos cambiar la forma en que los vemos y recordamos. Sí, a algunos de ellos los recordamos como bruscos, distantes, desinteresados o demasiado involucrados, demasiado asfixiantes; o quizá nunca nos entendieron del todo. ¡Pero en nuestra juventud realmente no los entendíamos! Es ahora cuando tenemos la sabiduría para comprender que estaban viviendo una época de depresión, guerras mundiales y largas jornadas de trabajo. Sí, los "buenos viejos tiempos" que ahora conocemos no fueron tan buenos. Se merecen un descanso hoy. Ahora tenemos la oportunidad de cambiar la forma en que los recordamos.

Sigmund Freud creía que los pacientes mayores estaban demasiado afincados en sus costumbres como para participar en una reflexión genuina; creía que las personas realmente no pueden cambiar a medida que envejecen. Lo más probable es que se sintiera así por culpa de su madre. ¡Pero hoy los profesionales de la salud mental saben que estaba equivocado! He visto a muchos de ustedes cambiar a lo largo de los años.

Algunos de ustedes se vuelven más gruñones; otros se están volviendo más agradecidos. Algunos de ustedes se resisten al cambio como si fuera la plaga; otros le dan bienvenida como antídoto contra "lo mismo de siempre". Algunos de ustedes se vuelven más tacaños; otros se vuelven más generosos. ¡Los primeros son los que constantemente se preocupan de qué van a vivir en su jubilación! Los generosos son los que aprecian la lección que tan bien dejó un colega mío, cuando en el funeral de un hombre rico le preguntaron cuánto le quedó y él respondió: "Lo dejó todo".

Cambiar para mejor o cambiar para peor... Depende de todos y cada uno de nosotros. Tenemos que hacerlo realidad. ¿Cuándo? ¡Hoy! El mejor de los tiempos es ahora. En cuanto a mañana... Bueno, ¿quién sabe? Así que mantén este momento rápido.

Vive y ama. Haz que este momento dure porque el mejor de los tiempos es ahora. ¡Ahora! ¡Hoy! ¡Apreciemos cada día!

Dice el salmista: "Enséñanos a contar nuestros días", para que no los desperdiciemos, los estropeemos ni los profanemos. Tengamos la sabiduría para usarlos sabiamente, santificarlos y darles significado.

Finalizo con una historia. Había una vez dos niños pequeños. Uno era optimista. El otro era pesimista. Los dos niños tenían cada uno su propia sala de juegos. El pequeño pesimista tenía una habitación llena de juguetes. Cada día festivo y cada cumpleaños, su familia y amigos le traían juguetes nuevos para que jugara, pero cada vez se sentaba en el medio de la habitación y lloraba porque no tenía un tambor. Quería tanto un tambor que se decepcionó para siempre. Los juguetes yacían esparcidos a su alrededor, intactos y despreciados.

El pequeño optimista no tuvo tanta suerte. Todo lo que tenía en su cuarto de juegos era un montón de estiércol del corral y un gran tridente.

Sucedió que los padres de los niños pasaron un día y miraron las salas de juegos donde jugaban sus hijos. Como de costumbre, el pequeño pesimista aullaba porque no podía encontrar un tambor entre la enorme pila de juguetes. Pero cuando miraron hacia la habitación donde jugaba el pequeño optimista, encontraron a un niño feliz, que escarbaba ansiosamente en la pila de estiércol con su gran tridente. Sus ojos estaban llenos de emoción y cantaba. "Con todo este estiércol alrededor —le oyeron decir— ¡tiene que haber un pony aquí en alguna parte!".

A pesar de las incertidumbres y desafíos que enfrentamos, como la historia, debemos decidir si queremos ser optimistas o pesimistas.

¿Cómo reaccionamos ante el flagelo del covid-19 y las consiguientes restricciones en nuestras vidas a causa de esta pandemia? ¿Podremos encontrar esperanza y seguridad en el futuro o nos desesperaremos por lo que hemos perdido y ya no tenemos?

Cada palabra
tiene consecuencias.
Cada silencio
también.

JEAN-PAUL SARTRE

EMBARCAR

Embarcarse en el viaje espiritual es como subir a un bote muy pequeño y navegar el océano para buscar tierras desconocidas. Con la práctica sincera viene la inspiración, pero tarde o temprano también encontraremos miedo. Por lo que sabemos, cuando lleguemos al horizonte, vamos a caer del borde del mundo. Como todos los exploradores, nos sentimos atraídos a descubrir lo que está esperando allí, sin saber aún si tenemos el coraje de enfrentarlo.

El miedo es una experiencia universal. Incluso el insecto más pequeño lo siente. Nos adentramos en las pozas de marea y acercamos nuestro dedo a los cuerpos suaves y abiertos de las anémonas de mar, que se cierran. Es una reacción espontánea. No es algo terrible que tengamos miedo cuando nos enfrentamos con lo desconocido. Es parte de estar vivo, algo que todos compartimos. Reaccionamos ante la posibilidad de la soledad, de la muerte, de no tener nada a lo que aferrarnos. El miedo es una reacción natural al acercarse a la verdad.

Si nos comprometemos a permanecer donde estamos, nuestra experiencia se vuelve muy vívida. Las cosas se vuelven muy claras al no haber ningún lugar para escapar.

Cuando comenzamos nuestra exploración, tenemos todo tipo de ideales y expectativas. Estamos buscando respuestas que satisfagan el hambre que hemos sentido durante mucho tiempo. Pero lo último que queremos es una nueva introducción al hombre del saco. Por supuesto, la gente trata de advertirnos. Recuerdo que cuando recibí lecciones para meditar por primera vez, la mujer me explicó la técnica y las pautas sobre cómo practicar, y luego dijo: "Pero no te vayas de aquí pensando que meditar te hará olvidarte de lo que te inquieta". De alguna manera, ni todas las advertencias del mundo pueden apartar el miedo. De hecho, nos acercan a él.

De lo que estamos hablando es de conocer el miedo, familiarizarnos con él, mirarlo directamente a los ojos. No como una forma de resolver problemas, sino como una completa eliminación de las viejas formas de ver, oír, oler y saborear. Y de pensar. La verdad es que cuando realmente comencemos a hacer esto, seremos humillados continuamente. No habrá mucho espacio para la arrogancia, que puede hacer que nos aferremos a nuestras viejas ideas. La arrogancia que inevitablemente surja será continuamente derribada por nuestro propio coraje para avanzar un poco más. Los tipos de descubrimientos que se realizan a través de la práctica no tienen nada que ver con creer en nada; tienen mucho más que ver con tener el coraje de morir continuamente.

Las instrucciones sobre la consciencia o el vacío o trabajar con energía apuntan a lo mismo: estar justo en el lugar nos ancla. Este tipo de meditaciones nos llevan directamente al punto de tiempo y espacio en el que estamos parados. Cuando nos detenemos allí y no actuamos ni reprimimos el pensamiento, no podemos culpar a nadie más, y tampoco nos culpamos a nosotros mismos: nos topamos con una pregunta abierta que no tiene una respuesta conceptual. Entonces nos encontramos con nuestro corazón.

Así pues, la próxima vez que enfrentes miedo, considérate afortunado. Aquí es donde entra el coraje. Por lo general, pensamos que las personas valientes no tienen miedo. La verdad es que son íntimas con el miedo.

LOS FANTASMAS

El sabio nos enseña: "A menudo somos portadores del pasado: los caminos recorridos, nuestras narrativas personales, el reino de la memoria. Y, sin embargo, nuestras mentes se concentran simultáneamente en el futuro, el viaje que nos espera, el reino de la esperanza y la promesa. Nuestra oportunidad para explorar tanto el pasado como el futuro, reflexionando sobre los recuerdos y las experiencias y atreviéndose a soñar con la promesa aún no cumplida".

Un tipo va a un psiquiatra y le dice:

—Doctor, ayúdeme: no puedo dormir por la noche.

—¿Cuál parece ser el problema: problemas familiares, laborales, económicos? —pregunta el psiquiatra.

—No, son los fantasmas debajo de mi cama. Son muy, muy ruidosos —responde el paciente.

—¿Tiene fantasmas debajo de su cama? —indaga el médico.

—Sí, son enormes, feos y, sobre todo, muy, muy ruidosos —sentencia el sujeto.

El médico sabe que tiene un caso difícil aquí, pero dice:

—Creo que puedo ayudarlo. Va a requerir mucha terapia. ¿Puede verme dos veces por semana durante aproximadamente un año?

—¡Eso es fabuloso, doctor! No sé cómo agradecerle. Empezaré la próxima semana —promete el hombre.

Llega la próxima semana y el paciente no aparece. Pasan dos, tres, cuatro semanas y el hombre nunca llama ni hace una cita. El médico ya casi se olvida de él cuando, seis meses después, se encuentra con el hombre en un bar local.

—Me alegro de verte, pero ¿cómo has estado durmiendo estos días? —le pregunta luego de reconocerlo.

—Como un bebé —responde el hombre—. Gracias por preguntar, doctor. Tengo todo resuelto.

—Supongo que pudo encontrar otro psiquiatra que lo ayudara con sus problemas de sueño —conjetura el psiquiatra.

—No —responde el sujeto tranquilamente—. Vi a un carpintero.

—¡¿Un carpintero?! —el psiquiatra ahora está totalmente desconcertado.

—Sí —responde el hombre—. Por doscientos pesos cortó las patas de mi cama y ahora los fantasmas ya no pueden meterse debajo.

No sé si tienes algún fantasma debajo de tu cama, pero sé que para muchos de nosotros ha habido muchas noches sin dormir, con mucho de qué preocuparnos.

Prácticamente no hay nada en la vida que no implique cierto nivel de riesgo, cierto miedo. Pero gran parte de la vida no se trata de evitar el riesgo, lo que es imposible, sino más bien de gestionarlo, pues es inevitable.

Porque somos expertos en preocuparnos. Nos preocupamos por cosas sobre las que no tenemos control. Nos preocupamos por cosas sobre las que sí tenemos control. Nos preocupamos por cosas que aún no han sucedido, como si supiéramos lo que nos depara el futuro. Nuestros sabios antepasados sabían todo esto y también, aunque no lo dijeron del todo, que no hay nada que temer excepto el miedo mismo. Algo que sí dijeron es que el temor de Dios debe ser nuestro único temor, porque temer a Dios es realmente una forma dramática de decir "Usemos todos la inteligencia que nos ha dado Dios, nuestro ingenio, para manejar los riesgos, los miedos en nuestras vidas". No estamos indefensos.

Así que si el único temor que debemos permitimos es el temor de Dios, entonces todo lo demás estará bien, todo saldrá bien. Porque el temor de Dios es el temor que pone todos los otros temores a descansar. Cuando se trata de nuestros miedos, un carpintero cortando las patas de nuestra cama no ayudará. Porque el problema nunca son los fantasmas debajo de la cama, el problema siempre son los fantasmas en nuestra cabeza. Y no hay nadie más a cargo de nuestras cabezas que nosotros mismos.

LA PAUSA

Cada uno de nosotros está aquí para arreglar algo, para sanar, para volvernos fuertes espiritualmente. Y debemos tomar conciencia de que con cada dificultad, con cada fracaso, con cada prueba, aprendemos a ser personas más completas, mejores. Vivir en el momento nos ayuda a ponernos en contacto con nuestro propósito de vida. Sentirnos frustrados es parte de la condición humana; sin embargo, nuestros resentimientos no son nuestra naturaleza básica. Todos tenemos la habilidad de interrumpir nuestros viejos hábitos. Con un sencillo cambio de perspectiva podemos darnos cuenta de que podemos cambiar. Si así lo queremos.

Thich Nhat Hanh enseña la importancia de la *pausa* como una práctica de atención plena. En su monasterio y centros de retiro, alguien tiene la encomienda de tocar una campana en determinados momentos del día, y al escuchar el sonido todos se detienen brevemente para respirar de manera profunda y consciente.

Puedes probar hacer esto a lo largo del día. Al principio, puede ser difícil de recordar, pero una vez que comienzas a hacerlo, la pausa se convierte en algo que te nutre. Por ejemplo, cada vez que suena el teléfono, cuando abres el refrigerador, o te cepillas los dientes. Simplemente terminas lo que estás haciendo y luego, durante unos segundos, haces una pausa y respiras tres veces. ¡Inténtalo!

Ante la costumbre de sólo vivir, que generalmente es una experiencia bastante contenida, caracterizada por mucha discusión interna, te invito a hacer una pausa.

VIVIENDO ENTRE MUNDOS

¿Cómo llegamos a estas encrucijadas de la historia? ¿Lo lograremos individualmente y como especie?

"Todos asumimos que el aprendizaje, la racionalidad y las buenas intenciones serían suficientes para llevarnos a la tierra prometida —dice el doctor James Hollis—. Pero no lo han hecho ni lo harán. Sin embargo, lo que tampoco reconocemos suficientemente es que este animal humano está equipado para sobrevivir. Con el tiempo, como hemos visto con otros elementos insolubles de la vida, crecemos lo suficiente como para contener lo que amenaza con destruirnos".

Los lectores de Hollis lo conocen como un pensador penetrante que aporta profunda percepción y sofisticación al viaje interior. En *Living Between Worlds* amplía su lente para abarcar la relación entre nuestras luchas internas y las realidades rápidamente cambiantes de la existencia humana moderna. Con él aprendemos a invocar las herramientas de la psicología profunda, la literatura clásica, la filosofía, el trabajo con los sueños y los mitos para obtener acceso a los recursos que apoyaron a nuestros antepasados en sus horas más oscuras. A través de estos caminos de exploración interior, accedemos a nuestro "lugar de conocimiento", una fuente interior de profunda resiliencia más allá del ego, siempre disponible para guiarnos de regreso a los imperativos del alma.

Aunque muchos de los desafíos de nuestros tiempos son únicos, el camino para nosotros, personal y colectivamente, siempre dependerá de nuestra inconmensurable capacidad de creatividad, sabiduría y conexión con una realidad más grande que nosotros mismos. Aquí no encontraremos respuestas ni garantías fáciles.

"Podemos encontrar lo que nos respalda cuando nada nos respalda —enseña Hollis—. Al soportar lo insoportable, atravesamos el desierto para llegar a un oasis nutritivo que no sabíamos qué había allí".

La verdadera resiliencia es mucho más que soportar condiciones terribles. Necesitamos resiliencia todos los días para criar una familia, trabajar, afrontar el estrés, combatir problemas de salud, resolver problemas con los demás, curarnos de viejos dolores y simplemente seguir adelante.

Asimismo, con su combinación característica de neurociencia, atención plena y psicología positiva, el doctor Rick Hanson nos muestra en el libro *Resiliente* cómo desarrollar doce fortalezas internas vitales integradas en su propio sistema nervioso. Luego, sin importar lo que nos depare la vida, podremos sentirnos menos estresados, buscar oportunidades con confianza y mantenernos tranquilos y centrados.

¿Por qué algunas personas navegan a través de las tormentas de la vida, mientras que otras son derribadas? La resiliencia es la clave. La resiliencia es la capacidad de recuperarse de experiencias difíciles, como la muerte de un ser querido, la pérdida del empleo, una enfermedad grave, ataques terroristas o incluso simplemente factores estresantes y desafíos cotidianos. La resiliencia es la fuerza del cuerpo, la mente y el carácter que permite a las personas responder bien a la adversidad. En resumen, la resiliencia es la piedra angular de la salud mental.

Si queremos recuperar nuestro sentido de conexión unos con otros, si queremos sanarnos como individuos y como sociedad, aquí es donde todo comienza: debemos aprender a ponernos en el lugar del otro. Aprender a humanizar al otro.

Tener conversaciones genuinas en las que busquemos ver el mundo desde su perspectiva. Comprender y aceptar sin juzgar lo que otra persona siente y poder estar con esa persona en su dolor. Bajar la guardia y permitirnos ser vulnerables, dejarnos cambiar por quienes nos rodean. Derribar las barreras ilusorias que creemos que nos dividen y ver cuánto tenemos en común y qué bien se siente estar en una unidad.

Cuida tus pensamientos; se convierten
en palabras.
Cuida tus palabras; se convierten en acciones.
Cuida tus acciones; se convierten en hábitos.
Cuida tus hábitos; se convierten en carácter.
Cuida tu carácter; se convierte en tu destino.

Lao Tsé

UN TEMA GENERACIONAL

Con cariño y algo de ironía y para mis hijos,
y en memoria de mi suegro.

Había pasado una hora en el banco con mi papá, ya que él tenía que transferir algo de dinero. No pude resistirme y le pregunté:

—Papá, ¿por qué no activamos tu banca por internet?

—¿Por qué iba a hacer eso? —quiso saber.

—Bueno, pues porque así no tendrías que pasar una hora aquí para cosas como una transferencia. Incluso puedes hacer tus compras en línea. ¡Todo sería más fácil! —yo estaba muy emocionado de iniciarlo en el mundo de la banca en red.

—¿Si hago eso, no tendré que salir de la casa? —me preguntó.

—¡Claro! Incluso los comestibles se pueden entregar en la puerta ahora; Amazon lo entrega todo —le expliqué.

Su respuesta me dejó sin palabras.

—Desde que ingresé a este banco hoy, he saludado a cuatro de mis amigos y he conversado un rato con el personal que ya me conoce muy bien. Sabes que estoy solo... Ésta es la compañía que necesito. Me gusta prepararme y venir al banco. Tengo suficiente tiempo, es el contacto físico que anhelo. Hace dos años me enfermé. El dueño de la tienda donde compro frutas vino a verme; se sentó junto a mi cama y lloró. Cuando tu mamá se cayó unos días atrás mientras caminaba por la mañana, nuestro tendero local la vio e inmediatamente trajo su automóvil para llevarla rápidamente a casa, ya que él sabe dónde vivimos.

¿Tendría ese toque *humano* si todo lo hiciera en línea? ¿Por qué querría que me lo entregaran todo y me obligaran a interactuar sólo con mi computadora? Me gusta conocer a la persona con la que estoy tratando y no sólo al "vendedor". Eso crea lazos de relaciones. ¿Mercado Libre también ofrece todo esto?

Seguramente se preguntarán por qué le dedique este texto a mi suegro. Él vivía en São Paulo y era viudo. Actuaba exactamente como el padre del relato. Sus hijos querían ayudarlo y decidieron regalarle una grabadora de mensajes que funcionaba también como teléfono. (Nota para los *millennials*: este aparato guardaba recados de voz cuando el dueño de casa no estaba o no podía contestar el teléfono.)

Mi suegro estaba súper feliz. Una semana después sus hijos lo llamaron. Mi suegro no estaba, pero la máquina no entró en acción. Por la noche volvieron a llamar. "¿Qué pasó, papá, que no funcionó la grabadora?". La respuesta fue: "Ah, la cambié. Mira, era medio complicado... Además, a mí nadie me llama; pero como hace mucho calor, la cambié por un ventilador. ¡Buenísimo regalo!".

Cerca de 1995, el carácter humano entró en una nueva etapa. Volvió a cambiar. Fue afectado por una metamorfosis que aún no se ha completado, pero que debería preocuparnos más por su poderoso efecto en el individuo, en el núcleo familiar y en la sociedad. Cuando evoco la forma de vida de comienzos de los noventa, antes de la invasión de internet y los teléfonos móviles, me parece que pasaron siglos. Todo el desarrollo tecnológico cambió nuestros tiempos, nuestros momentos, nuestros encuentros, nuestros diálogos. Hasta hoy, me resulta extraño recibir un mensaje de voz por WhatsApp en lugar de una llamada.

En fin, siempre recuerdo la simpática historia de la abuela que incursionó en el mundo tecnológico. Un lunes muy temprano recibió el llamado de su hija, preocupada: "Te envié un correo el viernes y no me has contestado. ¿Está todo en orden?". A lo que la madre le respondió:

"Disculpa, hija, ¡pensé que el sábado y el domingo el correo no funcionaba!".

Como lo expresa Yuval Noah Harari:

La gente lleva cada vez vidas más solitarias
en un planeta cada vez más conectado.

La tecnología no es vida.
Pasa más tiempo con personas,
no con dispositivos.

¡AQUÍ ESTAMOS!

Todos los años, en el verano, mamá y papá acompañaban a su hijo en tren a visitar la casa de la abuela. Días después regresaban en el mismo tren. Cuando el niño creció, les dijo a sus padres:

—Ya soy grande, desde ahora quiero viajar solo a casa de la abuela.

Los padres estuvieron de acuerdo. Cuando llegó el día, estaban parados en el andén de la estación, despidiéndose, dándole las últimas recomendaciones, mientras él niño seguía repitiendo:

—¡Sí, lo sé, ya me lo han dicho cien veces!

El tren estaba a punto de partir y el padre dijo:

—Hijo, si de repente te sientes mal o tienes miedo, ¡esto es para ti! —y puso algo en el bolsillo de su hijo. El niño estaba sentado en el vagón, solo, por primera vez sin sus papás, mirando curioso desde la ventana.

Pasado un tiempo, comenzó a sentirse un poco inquieto, ya que todos los pasajeros lo observaban. Se sintió incómodo y cada vez más triste y solo. Agachó la cabeza, se acurrucó en un rincón del asiento y las lágrimas comenzaron a fluir. En ese momento recordó que su padre le había puesto algo en el bolsillo.

Con mano temblorosa buscó y encontró un papel, que tenía escrito esto:

—Hijo, estoy al final del vagón.

Seguramente muchísimos tenemos algún recuerdo similar de algún momento de nuestra vida de niños o de adolescentes. El reclamo de independencia, mientras el corazón se agitaba y el miedo nos quitaba lo valiente. Y el consuelo de saber que ellos siempre estaban cerca, siempre listos para nuestro rescate.

Mis padres murieron hace ya muchos años. Yo era muy joven. Hace algunos años cumplí la edad de ellos cuando fallecieron. Mi mamá a los 61 años y poco tiempo después mi papá, a los 71. Cuando pasé la edad de mi papá fui a rezar por su memoria como lo hago cada año. Pero esa vez fue diferente: yo ya he vivido más que ellos, lo que respondió una de las dudas que siempre tuve.

Pero hay algo que no ha cambiado. Sé que están al final del vagón y sigo mi viaje en la mejor compañía. A veces los imagino sentados en mis hombros, acompañándome y disfrutando mi vida, que es la de ellos en el amor y la devoción. Son espectadores y testigos de mi viaje, y así yo transito mucho más seguro por mi propia vida.

Como lo escribiera el premio nobel de literatura Bashevis Singer: "Ellos no van a ningún sitio… Están todos aquí, todo el tiempo".

Estamos juntos, siempre, mami, viejo. Gracias por siempre estar ahí, al final del vagón.

“

Haz que tus intereses se reflejen gradualmente y se vuelvan más impersonales, hasta que poco a poco los muros del ego retrocedan y tu vida se sumerja cada vez más en la vida universal. La existencia humana individual debería ser como un río: pequeño al principio, estrechamente contenido en sus orillas y corriendo apasionadamente entre rocas y cascadas. Poco a poco el río se hace más ancho, las orillas retroceden, las aguas fluyen más tranquilamente y al final, sin interrupción visible, se funden en el mar y pierden sin dolor su ser individual.

BERTRAND RUSSELL

”

ABRIR LOS OJOS

Entre tantos y profundos mensajes de nuestras fuentes, este año me conmovió volver a leer en el libro de Génesis el drama de Agar. ¿Lo recuerdan? Ella y su hijo fueron expulsados de su hogar por Abraham a insistencia de Sara.

El texto nos describe las lágrimas de Agar, que se desbordan cuando el corazón está lleno de dolor; transmiten su soledad, su desesperación, la falta de esperanza... la inminente derrota. Cuando Agar e Ismael comienzan su viaje por el desierto, no sabemos que será de ellos. El agua se acaba, ella deja a su hijo bajo un arbusto y se aleja para no verlo morir. Y llora.

"Dios oyó la voz del niño, y un ángel la llamo desde el cielo y le dijo: '¿Qué te preocupa, Agar? No temas. Levántate y toma a tu hijo de la mano'. Y ella así lo hizo. Entonces Dios le abrió los ojos y ella vio un pozo de agua frente a ella, fue y llenó la redoma de agua y le dio de beber a su hijo".

La elección de Agar fue producto de su desesperación, de sentirse perdida sin saber qué sería de su vida. Pero cuando logró reconectar con lo amado, abrió sus ojos, pudo ver el agua (que siempre estuvo allí) y recuperó la esperanza.

La advertencia del ángel a Agar es que la distancia detrás de la cual se ocultó para protegerse, aunque parecía segura, también era peligrosa. Se estaba escondiendo sin pensar en el dolor que su distancia causaba al otro: *"Tienes que ir allí y tomar su mano. Necesitas estar presente para él, no amarlo a la distancia".*

¿El mensaje? Únicamente al recordar que somos humanos, cuando somos solidarios, cuando extendemos nuestra mano, nos acercamos; sólo entonces nuestros ojos podrán ver.

Hay una decisión clave que cada uno debe tomar en algún momento de su vida: tenemos que decidir si seremos capaces de resolver las cosas, aprender y crecer, o si estamos paralizados e incapacitados para cambiar.

Necesitamos aprender que si bien estar cerca no es tan sencillo y a veces nos lastima, estar distantes no es bueno. Agar lloró por el sufrimiento humano. Estaba en una situación que no parecía tener respuesta y, sin embargo: *"Un ángel del Señor llamó a Agar y le dijo: '¿Por qué lloras? Levántate y toma al niño de la mano'"*.

Fortalécete a ti mismo, encuentra las fuerzas para seguir adelante tomando a alguien de la mano.

La vida es tan irónica:
se necesita tristeza para conocer la felicidad,
ruido para apreciar el silencio,
ausencia para valorar la presencia.

Anónimo

ANCLAS

Nos pasamos la vida tratando de anclar nuestra transición en alguna ilusión de permanencia y estabilidad. Trazamos planes más amplios, hacemos votos, sustentamos el flujo de incertidumbre con hábitos y rutinas que nos adormecen con el reconfortante sueño de la previsibilidad y el control, sólo para encontrarnos una y otra vez arrodillados y rendidos ante fuerzas y acontecimientos mucho mayores que nosotros. En esos momentos, arrodillado en un charco de lo desconocido, el corazón se abre y permite que la vida (la vida misma, no el simulacro de vida que surge del control) entre.

Stephen Levine escribe: "Deja que tu corazón se rompa. Permítelo, espéralo, anhélalo. La vida que has protegido y cuidado con tanto esmero. Rota, agrietada, partida en dos. Desgarradoramente, tu corazón se rompe, y entre las dos mitades, balanceándose sobre la mesa, se revela una tierra fértil. Un suelo húmedo y oscuro, listo para albergar una nueva vida".

El milagro es ligero. El milagro es que renacemos del sufrimiento. El milagro es la persistencia del alma en encontrarse a sí misma, en mirar fijamente la oscuridad, retroceder y captar restos de nosotros mismos. El milagro es que creamos un nuevo nosotros mismos.

DOLOR

El dolor te sobreviene, es más grande que tú. Hay una humildad en la que debes entrar, donde te rindes a que el dolor mismo te conmueva a través de su paisaje. Tiene su propio marco de tiempo, su propio itinerario, su propio poder sobre ti. Y vendrá cuando llegue el momento. Cuando eso sucede, es una reverencia. Es una excepción. Llega cuando quiere, y te excluye: llega en medio de la noche, en medio del día, en medio de una reunión, en medio de una comida. Llega, es esta llegada tremendamente contundente y no se puede resistir sin que sufras más... La postura que adoptas es la de golpearte las rodillas con absoluta humildad; y dejas que te meza hasta que termine contigo. Eventualmente todo se sucederá. Y cuando termine, se irá. Pero endurecerse, resistirse y luchar es hacerse daño.

Joan Didion observó este hecho desorientador en sus clásicas memorias sobre la pérdida: "El duelo, cuando llega, no se parece en nada a lo que esperábamos que fuera". Cuando llega, deshace el tejido mismo de nuestro ser. Cuando se pierde el amor, perdemos la parte de nosotros mismos que amaba; una parte que, dependiendo de la magnitud del amor, puede llegar a aproximarse a la totalidad de lo que somos. Perdemos lo que la artista Anne Truitt, tan poéticamente, denominó "la encantadora y total confianza que surge sólo de innumerables confidencias mutuas confiadas y examinadas [...] tejidas por cuatro manos, ahora temblorosas, ahora atentas, por encima y por debajo en un patrón que puede sorprender [a la pareja]".

Aunque existe este tremendo desafío psicológico y espiritual de relajarse en su asombroso poder hasta que nos atraviese, el duelo es una experiencia de todo el cuerpo. Se apodera de todo el cuerpo; no es una enfermedad sólo de la mente. Es algo que te impacta a nivel físico.

Siento que tiene una relación tremenda con el amor: primero que nada, como dicen, es el precio que se paga por el amor. Pero, en segundo lugar, en los momentos de mi vida en que me he enamorado, tengo tan poco poder sobre ello como en el dolor. Hay ciertas cosas que nos suceden como seres humanos que no podemos controlar ni ordenar, que nos llegan en momentos realmente inconvenientes, y en las que debemos inclinarnos con humildad ante el hecho de que hay algo corriendo a través nuestro que es más grande que nosotros mismos.

La gente sigue preguntándome cómo estoy y no siempre estoy seguro de cómo responder. Depende del día. Depende del minuto. En este momento estoy bien. Ayer, no tan bien. Mañana, ya veremos.

Esto es lo que he aprendido sobre el duelo: es una energía que no se puede controlar ni predecir; viene y va según su propio horario. El duelo no obedece a nuestros planes, ni a nuestros deseos. El dolor hará lo que quiera con nosotros, cuando quiera. En ese sentido, el duelo tiene mucho en común con el amor.

Entonces, la única manera en que podemos "manejar" el dolor es de la misma manera que "manejamos" el amor: no "manejándolo". Inclinándonos ante su poder con total humildad.

Cuando el duelo viene a visitarme, es como si me visitara un tsunami. Recibo la advertencia suficiente para decir: "Dios mío, esto está sucediendo *ahora mismo*", y luego me arrodillo al suelo y dejo que me balancee. ¿Cómo se sobrevive al tsunami del duelo? Estando dispuesto a experimentarlo, sin resistencia.

La conversación sobre el duelo, entonces, es de oración y respuesta. El dolor me dice: "Nunca amarás a nadie como amaste a Rayya". Y yo respondo: "Estoy dispuesto a que eso sea cierto". El duelo dice: "Ella se fue y nunca volverá". Yo respondo: "Estoy dispuesto a que eso sea cierto". El duelo dice: "Nunca volverás a oír esa risa". Yo digo: "Estoy dispuesto". El dolor dice: "Nunca volverás a oler su piel". Me arrodillo en el suelo y, a través de mis sábanas de lágrimas, digo: "¡ESTOY DISPUESTO!".

Éste es el trabajo de los vivos: estar dispuestos a inclinarnos ante TODO lo que es más grande que nosotros. Y casi todo en este mundo es más grande.

“Vivimos con mucha ansiedad. La ansiedad casi nunca es impulsada por el presente, es impulsada por el futuro.

Me identifico con la señora que vivía con mucha ansiedad y decidió tomar un curso sobre el control de la ansiedad. Llegó a la clínica muy agitada, se presentó en la recepción y comentó que venía al curso de control de la ansiedad. A lo que la secretaria le respondió: ‘Señora, es mañana’.”

VOLVER A ASOMBRARNOS

El verdadero viaje de descubrimiento no consiste
en buscar nuevos paisajes terrestres,
sino en tener nuevos ojos.
MARCEL PROUST

Los "ojos nuevos" de Marcel Proust me recuerdan una historia sobre dos hombres, Pedro y José, que comparten un piso de hospital juntos. Era un piso especial porque las personas allí hospitalizadas, debido a su edad o enfermedad, no pueden moverse, viven literalmente es su cama.

La cama de Pedro está al lado de la ventana y la de José está cerca de la puerta. Cada mañana, Pedro mira por la ventana y comparte con José lo que ve. Un día cielos azules, el sol brillando y bandadas de pájaros volando. A veces, los niños se divierten juntos, ríen, juegan a la pelota o saltan la cuerda. En otra ocasión una abuela pasea con su hija y su nieto. O una pareja comparte la dicha romántica. También está el vendedor de globos.

Cada día Pedro comparte lo hermoso que es el mundo afuera, y cómo no puede esperar a estar nuevamente bajo el sol y el aire fresco. Sobra decir que todos envidian el lugar de Pedro cerca de la ventana. Escuchan sus palabras con atención porque los hace sentir, imaginar, soñar desde sus lugares.

Una mañana, José se despierta y encuentra la cama de su amigo vacía. Confundido, llama a la enfermera de turno, que contrariada le informa que Pedro ha fallecido durante la noche. La noticia entristece profundamente a José, pero luego de asimilarla no puede evitar preguntar: "Entonces, ¿sería posible mover mi cama a la ventana?". Él también quiere experimentar toda la belleza de la vida que su amigo ha compartido con él y con los demás durante incontables días y noches.

La enfermera accede a hacer el traslado, pero a través de la ventana todo lo que José puede ver es una pared de cemento. Está perplejo. ¿Cómo pudo Pedro ver tantas cosas en un muro gris? Desconcertado, interroga otra vez a la enfermera, cuya respuesta lo confunde aún más: Pedro era ciego.

Toda la belleza y las pequeñas maravillas de la vida que compartía Pedro con sus compañeros de piso vivían en su rico mundo interior, lleno de asombro por la belleza de la vida. Pedro "veía" el mundo con ojos nuevos todos los días.

Esta historia me hace preguntarme: ¿qué podría hacernos mirar el mundo como lo hacía Pedro: con asombro, con ojos nuevos?

En un nuevo estudio denominado Caminatas Asombrosas, un grupo de científicos afiliados al Memory and Aging Center de la Universidad de California en San Francisco decidió comenzar a enseñar a personas mayores que solían dar caminatas cómo cultivar el asombro.

La indicación era simple: "¡Miren todo con ojos nuevos e infantiles!". Los investigadores hicieron hincapié en que lo asombroso se puede encontrar en cualquier lugar y en todas partes, desde un paisaje amplio sobre un acantilado hasta la luz del sol salpicando una hoja diminuta. Definieron el asombro en parte como "concentrarse en el mundo que está fuera de tu cabeza y redescubrir que está lleno de cosas maravillosas que no son tú". Al final, encontraron que las personas que se detenían a apreciar esos detalles se mostraban más felices y tenían más energía.

Nuestra visión controla nuestra percepción, y nuestra percepción se transforma en realidad. Está en nosotros la actitud de ver lo positivo y celebrar la vida en esa luz que brilla, no *sobre* nosotros, sino *desde* nosotros, desde nuestro interior. El secreto está en que seamos lo suficientemente valientes, para mostrarlo, para dejarlo salir, para compartirlo con los demás.

Muchos ven la vida como la ley de la jungla: "comer o ser comido", "mi ganancia es tu pérdida". Pero ésa es una forma deprimente de vivir. Yo los invito a que celebremos la vida, a que tengamos pasión por la vida, y deseo que seamos capaces de ver lo positivo. Que podamos sobreponernos y volver a asombrarnos viendo lo positivo, celebrando la vida. Que seamos como las orquídeas que florecen de nuevo, inesperadamente. Que miremos la belleza del amanecer de un nuevo día a través de nuestra ventana o en la sonrisa al reconocer a nuestros seres queridos.

Como advierte el Talmud: "no vemos las cosas como son, vemos las cosas como somos nosotros".

El principito de Saint-Exupéry enseña que ver de verdad no es ni siquiera una actividad física, sino una cuestión del corazón: "Sólo con el corazón se puede ver correctamente; lo esencial es invisible a los ojos". Un simple secreto que guarda una profunda enseñanza.

Albert Einstein agregó: "Hay dos formas de vivir tu vida. Una es como si nada fuera un milagro. La otra es como si todo fuera un milagro". Y el teólogo Abraham Joshua Heschel escribió: "Con desgracia puede admitirse que a medida que la civilización avanza, el sentido del asombro declina, síntoma alarmante de nuestro estado espiritual. La vida sin asombro no merece vivirse. Lo que nos falta no es voluntad de creer, sino voluntad de maravillarnos. La percepción de lo divino comienza en el asombro".

“

Día con día aprendemos que vivir no es
una tarea sencilla,
que relacionarnos con otros
o con nosotros mismos no es tan simple.
Día con día aprendemos
que la vida no se asemeja a un paseo por
la playa,
sino a un viaje por la montaña.

”

PERMITIRNOS ESCUCHAR

Imagina que, repentinamente, escuchas la voz de Dios que te dice: "Estoy preparado para concederte un deseo. Cualquier cosa que desees, puedes tenerla". ¿Qué responderías?

Pues esto le sucedió a Salomón. La historia aparece en la Biblia, en el Libro de los Reyes, y ocurre justo después de la muerte del rey David. Salomón, su hijo pequeño, es ahora el nuevo rey y una noche, justo al comienzo de su reinado, Dios se le aparece en un sueño y le dice: "Como cortesía final a tu padre David, y para ayudarte a ser un monarca valiente en su lugar, estoy dispuesto a concederte un deseo. Cualquier cosa que quieras, puedes tenerla".

Salomón se siente abrumado por la gran carga y las graves responsabilidades que ha heredado, así que le dice a Dios: "Me has puesto en el trono de mi padre, pero yo soy sólo un joven y mis experiencias son pocas. No sé cómo gobernar a este gran pueblo". Reflexiona por unos momentos, tratando de decidir qué debe pedirle al Creador.

El primer instinto de Salomón es pedir una vida larga y saludable para asegurarse un largo reinado. Su segundo instinto es pedir riquezas para favorecer el esplendor de su reino. Luego, piensa pedir la caída de sus enemigos para disfrutar de un reinado pacífico y tranquilo. Pero al final, ¿qué es lo que decide Salomón?

Se vuelve hacia Dios y le pide: "Si realmente puedo tener algo, lo que más quiero es sabiduría y un corazón sensible para poder gobernar y juzgar a tu gente sabiamente". La preocupación por sus nobles relaciones con los demás es el interés principal de Salomón.

Dios, particularmente complacido por la solicitud de Salomón, le responde: "Podrías haber pedido una larga vida o una gran riqueza o una victoria sobre tus enemigos. Pero no pensaste en ti mismo; en cambio, has pedido sabiduría para juzgar a los demás de manera justa. Tu deseo será concedido. Y aunque no pediste grandes riquezas, una larga vida u honor también los tendrás. Todos estos dones serán tuyos".

Al ponerse al servicio de su pueblo, al juzgarlo con justicia y establecer relaciones nobles con sus habitantes, Salomón encontró una larga vida, abundancia y gloria.

Me parece un mensaje extraordinario y valioso, mientras atravesamos con esperanza por la vida entre el temor por la incertidumbre del futuro. Recordemos que las verdaderas riquezas de la vida no radican en acumular para nosotros mismos, sino en el corazón sensible que aprende a actuar con bondad y sabiduría hacia los demás.

Claro que no todo el mundo está de acuerdo. Hay quienes sostienen que se logra una vida rica y feliz acumulando posesiones. Según el famoso filósofo Rousseau, la felicidad es "una buena cuenta bancaria, un buen cocinero y una buena digestión". Me recuerda al hombre que siempre está corriendo en busca de la felicidad, hasta que le preguntan: "¿Y qué pasa si la felicidad está corriendo detrás de ti?".

Si perseguimos la felicidad, usando la lógica de Rousseau, nos encontraremos dando vueltas. Pero si seguimos un propósito y una responsabilidad elevados, más allá de nosotros mismos, descubriremos que la felicidad nos sigue. Es un subproducto de las acciones correctas. Es creado por la ayuda que les brindamos a los demás y las relaciones que formamos y fortalecemos, sin pensar apenas en nosotros mismos.

Estemos atentos, porque con todo el ruido a nuestro alrededor podemos perdernos la oportunidad de escuchar la voz que puede cambiar nuestra vida. Cada uno de nosotros tiene esa oportunidad, pero debemos preguntarnos: ¿qué es lo que elegimos escuchar?

¿Has oído hablar de la historia del granjero que compra un terreno sin preparar, lleno de rocas, en mal estado? Pasa mucho tiempo limpiando el campo, quitando las piedras y cultivando la tierra. Cuando finalmente puede plantar sus vegetales, está muy orgulloso de la granja fértil que ha creado a partir de la desolación.

Tan feliz está de lo que ha logrado que invita a su rabino a visitarlo. El rabino lo visita y luego de recorrer el lugar queda impresionado. Le dice al granjero: '¡Éstos son los tomates más grandes que he visto en mi vida! ¡Alabado sea el Señor! ¡Y estas zanahorias! ¡Dios es grande! ¡Y este maíz! ¡El Señor ha hecho maravillas!'.

El agricultor, con una sonrisa, comenta: 'Rabí, ¡ojalá hubieras visto este campo cuando Dios lo estaba haciendo solo!'.

Puedes leer esta historia dándole valor a la insistencia del hombre en lograr su misión: nunca rendirse hasta lograr el objetivo. Pero también puedes leerla teniendo en cuenta que Dios cuenta contigo: tú completas Su trabajo, y él bendice el trabajo de tus manos y tu espíritu.

Él cuenta contigo. Y tú también cuentas con él.

AL SALIR DE LA TORMENTA

Cuando salgas de esta tormenta, porque sí vas a salir: ¿cómo te gustaría ser? ¿Qué cambiará en ti? ¿Cómo te ajustarás a tu nueva realidad?

Una propuesta: tal vez puedas hacerlo por medio de un posible *renacimiento espiritual*. Con el tiempo, a medida que crezcas, recuerda que no hablamos de la edad, sino de la curiosidad por la vida; conocerás el significado más profundo de la vida y percibirás la presencia de Dios como una parte completa de ti misma, de ti mismo. Porque lo sagrado está en lo que hacemos con nuestras manos, por el amor que sentimos por el contenido de nuestras acciones.

Ha quedado muy claro que el "uso del tiempo" ha sido una de las expresiones más comunes en los mensajes, como una lección que esta pandemia nos planteó. La combinación del desarrollo tecnológico y el aislamiento nos hicieron reconocer que tenemos la capacidad de reorganizar los tiempos de nuestra vida; al hacerlo, también viviremos con un mayor enfoque espiritual en ella.

Y se me ocurre preguntar: ¿podemos tomar parte de este tiempo para la reflexión, para el descanso, para que nuestras almas puedan alcanzarnos? Tal vez les suene extraño el concepto "que nuestras almas puedan alcanzarnos". Sin embargo, después de leer este relato, verán que podría ser un buen proyecto.

La historia cuenta que una tribu realizó una larga marcha, día tras día, sin descanso. Cierto día, los sabios de la tribu dieron la señal y de repente todos dejaron de caminar, se sentaron un rato y luego acamparon un par de días antes de seguir su viaje. ¿Por qué se detuvieron? Porque necesitaban tiempo para que sus almas pudieran alcanzarlos.

Me pareció un concepto genial. Tal vez una de las cosas con la que podemos encontrar nuestro equilibrio, con la que podemos beneficiarnos en este descanso obligado, es la posibilidad de que así nuestra alma nos alcance.

Piensen que hemos vivido a un ritmo tan revolucionado, hemos corrido tanto por llegar al destino, que nos olvidamos de disfrutar el viaje. Fue tal la competencia personal y el daño a nuestro ecosistema, que afectamos a personas y deterioramos la Tierra que Dios nos prestó. A lo largo de la carrera, dejamos a nuestra familia, nuestros amigos, nuestros sueños, nuestra memoria y, honestamente, una gran parte de nuestros valores, de nuestra fe y de nosotros mismos. Tanto, que en esta carrera nos hemos vuelto fragmentados. Y por ello les propongo esta parada forzada para que permitamos a nuestra alma, a nuestra parte espiritual, que nos alcance para ayudarnos a reparar lo fragmentado y volver a ser personas completas.

Esta idea de permitir que el alma nos alcance la rescaté de un libro en el que el autor entrelaza los hilos de diferentes tradiciones religiosas para revelar cómo cada uno de ellos honra el significado sagrado del descanso. Cada uno en su fe debe tener un momento en el que debe detenerse para complementar lo fragmentado.

Es la imagen de un momento en el que nuestro mundo físico se detiene para ponerse a la par con el mundo espiritual que trata de alcanzarnos para que seamos uno. Y ese descanso refresca nuestra aventura, enseñándonos hechos básicos: *Ve más despacio, mira a tu alrededor, somos "un" planeta y no hay planeta "B", somos completamente interdependientes, somos iguales, todos somos vulnerables de la misma manera. Para sobrevivir debemos cooperar. Nuestro destino como habitantes de nuestro planeta es impredecible. Debemos alimentar las almas de los demás para que podamos tolerar el aislamiento. Necesitamos la "pandemia" de estar profundamente conectados entre nosotros.*

Les cuento un secreto: muy pocas personas saben que hay ángeles especiales, cuyo único trabajo es asegurarse de que no nos pongamos demasiado cómodos, que no nos quedemos dormidos, y que extrañemos nuestra vida. Estos "ángeles de la incomodidad" están siempre a nuestro alrededor para enseñarnos. Son aquellos que llegan a visitarnos especialmente cada Shabat, o cada domingo, o el día que celebramos.

Preguntémonos: ¿vivimos o sólo existimos? Una vez por semana, detengámonos. Dejemos un tiempo para que nuestra alma y nuestra espiritualidad nos alcancen *y den sentido a nuestra vida y a la de quienes forman parte de nuestro viaje.*

Vivamos nuestras vidas… Intentémoslo. Podemos hacerlo. Cada día tenemos una oportunidad. Dejemos que nuestra alma nos alcance y viajemos más completos. No podremos cambiar el pasado, pero, viviremos un mejor futuro.

Recuerdo haber leído el mensaje del rabí Abraham Joshua Heschel cuando le preguntaron cuál era su mensaje para los jóvenes (y agrego yo que para todos nosotros). Son palabras que a pesar del paso del tiempo siguen siendo perlas de sabiduría para aplicar a nuestra vida: "Les diría una serie de cosas: recuerden, hay un significado más allá del absurdo, asegúrense de que cada pequeño hecho cuente, que cada palabra tenga poder, que podamos hacer nuestra parte para que todos redimamos el mundo. […] Recuerden la importancia de la autodisciplina, estudien las grandes fuentes de sabiduría, no lean a los más vendidos. […] Recuerden que la vida es una celebración. Hay mucho entretenimiento en nuestra vida […] pero lo que es realmente importante es vivir la vida como una celebración. Lo más importante es enseñar al hombre cómo *celebrar* la vida".

Qué cierto y necesario mensaje para aplicar a nuestra vida. No nos distraigamos con los entretenimientos, aprendamos a celebrar la vida, nuestra vida, la vida de quienes amamos, la vida de la comunidad, la vida de la humanidad.

“

Asegurémonos de que cada pequeño hecho cuente, que cada palabra tenga poder, que podamos hacer nuestra parte para que todos redimamos el mundo.
Busquemos encontrarle el sentido a la vida.
Y no olvidemos dejar que nuestra alma nos alcance.

”

TIEMPOS Y TIEMPOS

Para todo hay un tiempo, y todo lo que se quiere debajo del cielo tiene su tiempo:

Un tiempo para renacer y un tiempo para dejar morir los viejos hábitos.

Un tiempo para plantar nuevas semillas y un tiempo para recoger los frutos de nuestro jardín.

Un tiempo para destruir guiones negativos y un tiempo para sanar relaciones.

Un momento para derribar muros y barreras y un momento para construir puentes y conexiones más profundas.

Un tiempo para llorar y un tiempo para reír.

Un tiempo para llorar lo que hemos perdido y un tiempo para celebrar lo que hemos ganado.

Un tiempo para desechar lo que no necesitamos y un tiempo para recoger lo que nos hace falta.

Un tiempo para abrazar lo que afirma y un tiempo para resistir lo que rechaza.

Un tiempo para buscar nuevas aventuras y un tiempo para dejar ir lo que pesa en nuestras vidas.

Un tiempo para guardar lo positivo y un tiempo para desechar lo negativo.

Un tiempo para guardar silencio y experimentar el puro asombro de la vida, y un tiempo para hablar contra la injusticia y la mentira.

Un tiempo para amar lo bueno y lo saludable, y un tiempo para odiar lo malo y lo destructivo.

Un tiempo para hacer la guerra contra lo que está mal y un tiempo para estar en paz con lo que está bien.

Este pasaje del libro de Eclesiastés contiene una enseñanza muy profunda. En sus muchos versículos nos da dirección para navegar los pasajes que vivimos en nuestras vidas, y nos da ideas para profundizar nuestra comprensión de nosotros mismos y de nuestras relaciones interpersonales. ¿Cómo afrontamos este momento? ¿Cómo entramos en este nuevo mundo espiritual pospandémico? ¿Qué posibilidades nos presenta y cómo determinamos qué hacer para aprovechar al máximo esta oportunidad de reflexión y renovación? ¿Qué estamos haciendo con el tiempo que tenemos y cómo accedemos a los recursos internos y externos que se nos han dado para vivir nuestras vidas con significado, propósito y alegría?

No lo olvidemos: somos prisioneros de la esperanza. Como socios de Dios, tenemos nuestra parte de responsabilidad. Y si bien no podemos cambiar el pasado, podemos darle a nuestra historia un final diferente.

LO QUE HE APRENDIDO

Quiero compartirles un texto que circuló en internet. Lo hago basado en la frase del propio autor, que dijo que "el 80% de la gente no lee la basura que otros escriben". El autor se llamaba Andy Rooney, y era conocido por escribir para la televisión, y especialmente por su trabajo en el programa *60 Minutes*. Aunque falleció en 2011, sus frases son muy vigentes, por sabias e inspiradoras. Asegúrense de leer todo, hasta la última oración.

He aprendido que la mejor aula del mundo se encuentra a los pies de un anciano.

He aprendido que cuando estás enamorado, se nota.

He aprendido que cuando una persona que me dice "¡Me hiciste el día!", me hace el día.

He aprendido que tener un niño dormido en los brazos es uno de los sentimientos más apacibles del mundo.

He aprendido que ser amable es más importante que estar en lo correcto.

He aprendido que nunca deberías decirle no al regalo de un niño.

He aprendido que siempre puedo rezar por alguien cuando no tengo la fuerza para ayudarlo de otra manera.

He aprendido que no importa qué tan seria requiera ser tu vida, todos necesitamos un amigo con quien divertirnos.

He aprendido que a veces todo lo que una persona necesita es una mano qué sostener y un corazón qué comprender.

He aprendido que las sencillas caminatas con mi padre alrededor de la manzana en las noches de verano, de niño, hicieron maravillas por mí de adulto.

He aprendido que la vida es como un rollo de papel higiénico. Mientras más se acerca al final, más rápido va.

He aprendido que deberíamos estar contentos de que Dios no nos da todo lo que Le pedimos.

He aprendido que el dinero no compra la educación.

He aprendido que son esos pequeños sucesos cotidianos los que hacen la vida tan espectacular.

He aprendido que bajo la dura coraza de todo el mundo, hay alguien que quiere ser apreciado y amado.

He aprendido que si el Señor no lo hizo todo en un día, ¿qué me hace pensar que yo puedo?

He aprendido que ignorar los hechos no cambia los hechos.

He aprendido que cuando planeas desquitarte de alguien, solamente estás permitiendo que ese alguien continúe hiriéndote.

He aprendido que el amor, y no el tiempo, cura todas las heridas.

He aprendido que la forma más fácil de crecer como persona es rodeándome de gente más lista que yo.

He aprendido que todos los que conocemos merecen ser saludados con una sonrisa.

He aprendido que no hay nada más dulce que dormir con tus bebés y sentir su aliento en tus mejillas.

He aprendido que nadie es perfecto, hasta que te enamoras de ellos.

He aprendido que la vida es dura, pero yo soy más duro.

He aprendido que nunca se pierden las oportunidades; alguien aprovechará las que has perdido.

He aprendido que cuando albergas amargura, la felicidad atracará en otra parte.

He aprendido que desearía haberle podido decir a mi madre una vez más que la amo antes de que muriera.

He aprendido que uno debería mantener sus palabras suaves y tiernas, porque mañana podría tener que tragárselas.

He aprendido que una sonrisa es una forma nada cara de mejorar la apariencia.

He aprendido que no puedo elegir cómo me siento, pero puedo elegir qué hacer al respecto.

He aprendido que cuando tu nieto recién nacido sostiene tu dedo pequeño en su pequeño puño, estás enganchado de por vida.

He aprendido que todo el mundo quiere vivir en la cima de la montaña, pero toda la felicidad y el crecimiento ocurren al escalarla.

He aprendido que es mejor dar un consejo solamente en dos circunstancias: cuando es requerido y cuando es cuestión de vida o muerte.

He aprendido que mientras menos tiempo dedico a trabajar, más cosas hago.

He aprendido que los amigos son joyas muy raras, verdaderamente. Nos hacen sonreír y nos alientan a tener éxito. Escuchan y dicen palabras de halago, y siempre quieren abrirnos sus corazones.

PUERTAS, TIEMPOS Y OPORTUNIDADES

Cuando yo era joven, no sabía el significado de la vida.
Después de muchos y dificultosos años de estudio y experiencias,
ya no soy joven.

Dos psicoanalistas se encuentran en el elevador. Uno le dice al otro: "Buenos días. ¿Cómo estás?". "Bien, gracias", responde. El primero se baja y el segundo piensa: *"¿Qué me habrá querido decir?".*

Además de ser un típico chiste de psicólogos, muchas veces quienes escuchan el mensaje del rabino, piensan: "¿Qué habrá querido decir?". Tampoco faltan los clásicos: "Yo sé a quién se refiere" o "Seguro que el rabino tiene algún problema". ¿Por qué esta aclaración? Porque quiero hablarles de un tema y no quiero que se confundan.

El mensaje es para ustedes, para mí y para quien lo quiera recibir. Encontré un discurso interesante del comediante Jerry Seinfeld:

> Pasamos por cuatro etapas en la vida. La primera la descubrí al principio de mi carrera, y es que no importa quién seas o que profesión tengas, la primera pregunta que la gente te hará es: "¿Quién es Jerry Seinfeld?". Esto es cuando comienza el viaje, cuando siembras las semillas del éxito. La segunda etapa, cuando estás en la plenitud del éxito, es cuando todos dicen: "¡Consígueme a Jerry Seinfeld!". En la tercera la gente pide: "¡Consígueme a alguien como Jerry Seinfeld". Ése es tu premio: todos te quieren, pero como no pueden conseguirte, buscan a alguien como

tú. La última etapa es cuando la gente vuelve a decir: "¿Quién es Jerry Seinfeld?".

Los del grupo "te ves muy bien" saben a qué me refiero. Si no saben qué es este grupo, les diré que surge de la explicación de las cuatro etapas de la vida: infancia, adolescencia, edad media y "te ves muy bien". ¿Las recuerdan? Independiente de la etapa en que estén, esto nos incumbe a todos.

Hablamos de puertas que se cierran y se abren a través de nuestras vidas y de nuestras etapas. ¿Acaso no es eso la vida, una serie de oportunidades que aprovechamos o que a veces dejamos que se escapen de nuestras manos? Es un hecho que perdemos muchas oportunidades. Y descubrimos más tarde que el propósito de la vida no se mide por el tamaño de nuestras casas, o por la marca de la ropa que vestimos o por el modelo de nuestro auto. Nos damos cuenta de que existen muchas otras cosas más valiosas. La familia, el tiempo con nuestros hijos (ni hablar de los nietos), las risas con los amigos, un buen libro, una copa de vino compartida, escuchar una buena música, crecer... Algo que aprendimos a valorar más durante la epidemia que vivimos.

Intentar que la vida sea parte de algo mayor a nosotros mismos, como practicar las palabras de Isaías: alimenta al hambriento, viste al desnudo, calza al descalzo, protege al extranjero. Preocúpate por la justicia. En una sociedad tan cruel, debemos *recuperar lo humano en nuestro ser.* Ayudar a nuestra comunidad, ser generosos, debe ser la mejor etapa de nuestra vida.

Todo depende de ti, de tu actitud, de tu esperanza, de tu fe. Tienes que dejar de pensar que estarás atrapado en tu situación para siempre. Sentir que tu corazón nunca sanará o que nunca saldrás de esta lucha imposible. No confundas una temporada con toda la vida. Incluso Sus pruebas tienen fecha de caducidad. Crecerás. La vida cambiará. Debes tener esperanza, una actitud positiva. Porque eso invita a la posibilidad de que ocurra. Un pesimista ve la dificultad en cada oportunidad; un optimista ve la oportunidad en cada dificultad. No llores por la puerta que se cierra, abre los ojos, porque hay otra que está esperando que la abras.

"No hay amor a la vida sin desesperación por la vida", escribió Albert Camus, un hombre que, en medio de la Segunda Guerra Mundial, quizás el periodo más oscuro de la historia de la humanidad, vio motivos para una esperanza luminosa y lanzó un notable llamado de atención para que la humanidad pudiera alcanzar su máximo potencial. Maira Kalman lo expresó así: "Esperamos. Nos desesperamos. Esperamos. Nos desesperamos. Eso es lo que nos gobierna. Tenemos un sistema bipolar".

Al pensar sobre la esperanza, el atrevimiento y las historias que nos contamos a nosotros mismos, pienso que hay una delgada línea entre agencia y victimismo. Las historias que nos contamos sobre nuestro pasado público dan forma a cómo interpretamos, respondemos y nos presentamos en el presente. Las historias que nos contamos sobre nuestro pasado privado dan forma a cómo llegamos a ver nuestra personalidad y en quiénes nos convertimos en última instancia. Debemos unir ambos polos de la narrativa en la forma en que contamos esas historias.

No debemos renunciar al regalo de la esperanza, así como tampoco debemos desperdiciar las oportunidades que se nos brindan. Pero la esperanza no es la creencia de que todo estuvo, está o estará bien, pues la evidencia de un tremendo sufrimiento y una tremenda destrucción está a nuestro alrededor. En cambio, la esperanza que me interesa tiene que ver con perspectivas amplias y posibilidades específicas, que invitan o exigen que actuemos. Tampoco es una narrativa alegre de que todo está mejorando, aunque sí es contraria a la narrativa de que todo está empeorando. Digamos que es un relato de complejidades e incertidumbres, con aperturas.

Me permito incluir el pensamiento de Rebecca Solnit sobre la esperanza en tiempos oscuros, resistiendo el derrotismo de la desesperación fácil. La autora explica que la premisa de la esperanza es que no sabemos qué pasará, y que en la amplitud de esa incertidumbre hay espacio para actuar. La esperanza es un abrazo a lo desconocido y lo incognoscible, una alternativa a la certeza tanto de optimistas como de pesimistas. Los optimistas piensan que todo irá bien sin nuestra participación; los pesimistas adoptan la posición de que todo saldrá mal sin importar lo que hagamos. Así que ambos se excusan de actuar.

Pero la verdadera esperanza es la creencia de que lo que hacemos importa, aunque cómo y cuándo pueda importar, a quién y qué pueda afectar, no son cosas que podamos saber de antemano. El cambio rara vez es sencillo. A veces es tan complejo como la teoría del caos y tan lento como la evolución. Incluso las cosas que parecen suceder repentinamente surgen de raíces profundas en el pasado o de semillas latentes durante mucho tiempo.

Es importante enfatizar que la esperanza es sólo un comienzo; no es un sustituto de la acción, sólo una base para ella. Se rema hacia adelante mirando hacia atrás. Contar esta historia es parte de ayudar a las personas a navegar hacia el futuro.

Albert Camus escribió: "En lo más profundo del invierno, finalmente aprendí que dentro de mí había un verano invencible". Cada vez que nuestro mundo atraviesa un invierno del espíritu humano, Camus sigue siendo un recordatorio del verano invisible dentro de nosotros; su obra es una invitación perenne a rehabitar nuestra decencia más profunda y estar a la altura de nuestra naturaleza más ennoblecida.

No lo olvides: *somos prisioneros de la esperanza.*

¡ENSÉÑAME EL CAMINO AL PARAÍSO!

El milagro es que renacemos del sufrimiento.
El milagro es que nos recreamos.

Hay una historia acerca de un hombre que se rindió ante la vida. No encontraba alegría en su trabajo, en su familia, ni en su comunidad, así que rezó a Dios para que le permitiera dejar este mundo. "¡Enséñame el camino al Paraíso!", rogó. Dios le preguntó: "¿Estás seguro de que eso es lo que quieres?". Y el hombre respondió: "Estoy seguro, con todo el corazón". "Muy bien", resolvió Dios, y le mostró el camino al Paraíso. Resultó que no estaba muy lejos, solamente a unos días de viaje desde su pueblo, por lo que una tarde se puso en camino.

El hombre caminó hasta el anochecer, y entonces decidió descansar bajo un árbol verde y frondoso. Pero justo antes de que se quedara dormido, se le ocurrió que en la mañana podría confundirse y olvidar cuál era el camino al Paraíso, y cuál el camino de regreso al pueblo. Se le ocurrió dejar sus zapatos junto al camino, señalando en la dirección de su viaje. De ese modo, todo lo que tenía que hacer era ponerse los zapatos y continuar su camino.

Bueno, pues en la vida hay cosas que pasan sin explicación: durante la noche los zapatos se voltearon. ¿Acaso fue un gusano? ¿Quizás una ardilla? ¿Habrá sido un ángel? Quién sabe. El hecho es que los zapatos se voltearon. En la mañana, el hombre se puso de pie, comió algunos frutos del árbol y se dispuso a continuar su camino, sin darse cuenta de que en realidad estaba regresando a casa. Para el medio día divisó un pueblo tras la siguiente colina, y su corazón se agitó: "¡He llegado, es el Paraíso!". Y corrió por el valle hasta que llegó a las puertas del pueblo. "Qué parecido es el Paraíso a mi pueblo —pensó—. Mi pueblo siempre estaba tan lleno de gente, tan ruidoso. Pero éste es diferente". Se sentó y atestiguó el despertar del pueblo. Escuchó la canción de los niños en su camino a la escuela y el murmullo de los adultos en su camino al trabajo y al mercado. Y por primera vez en su vida, sintió la vitalidad, la energía, el amor que llenaba el pueblo.

Estuvo sentado ahí, en la plaza, todo el día. Con las horas, comenzó a sentirse hambriento. "Me pregunto —pensó—, ya que el Paraíso se parece tanto a mi pueblo, si habrá una calle como la mía". Cuando fue a ver, la encontró justo donde pensó que podría estar. "Me pregunto si hay una casa en el Paraíso que sea como mi propia casa". Y ahí estaba. Justo cuando admiraba su casa, una mujer (que tenía un parecido asombroso con su esposa) se acercó a la puerta, lo llamó por su nombre y le pidió que entrara a cenar. "¡Me conocen en el Paraíso! Hay un lugar dispuesto para mí aquí". Pero la casa en el Paraíso no era como la suya en el pueblo. Esa casa siempre estaba llena de gente, congestionada, llena de conmoción. En cambio, este lugar era agradable y hogareño, y estaba lleno de vida. Se sentó y comió la mejor comida de su vida, y después tuvo el sueño más largo y profundo que jamás había tenido. En la mañana, la mujer que se parecía a su esposa le dio sus herramientas y lo mandó a trabajar. "¿Trabajar? —pensó—. Pero por supuesto, aún en el Paraíso hay labores". Pero este trabajo era diferente. Estaba lleno de un sentido de propósito y servicio. Cuando terminó el trabajo, por la tarde, regresó a aquella tibia y amorosa casa.

¿Saben que el tonto nunca supo que realmente jamás había llegado al Paraíso? Porque cada día estaba más lleno de maravillas, más objetivos, más alegría y más vida que el día anterior.

No podemos pedirle a Dios que nos proteja de la vida. Esa plegaria no tendrá respuesta. Mejor recemos porque nuestros zapatos sean volteados. Recemos por recuperar un nuevo sentido del propósito, un sentido de la misión de nuestra vida y nuestro sentido de responsabilidad. Es la única manera de prepararnos para los momentos inevitables.

Sólo recuerden esto: no teman.

“

Nos pasamos la vida tratando de anclar nuestra transición en alguna ilusión de permanencia y estabilidad. Trazamos planes más amplios, hacemos votos, sustentamos el flujo de incertidumbre con hábitos y rutinas que nos adormecen con el reconfortante sueño de la previsibilidad y el control, sólo para encontrarnos una y otra vez doblegados por la rendición a fuerzas y acontecimientos mucho mayores que nosotros. En esos momentos, arrodillado en un charco de lo desconocido, el corazón se abre y permite que la vida (la vida misma, no el simulacro de vida que surge del control) entre.

Tina Davidson

”

HAY UN CAMINO DIFERENTE

El profeta Isaías enseña que hay un camino para que el mundo pueda ser mejor. Es un camino que comienza en la esperanza: la esperanza de que las cosas sean diferentes; la esperanza de ser mejores cada día.

Pero esa esperanza es diferente a una predicción. Isaías no puede prometer que sanaremos todos por nuestra cuenta o que nuestros traumas y pérdidas se resolverán con la esperanza como una especie de milagro. Más bien, nos dice Isaías, la esperanza significa que, junto con Dios y unos con otros, la curación es una posibilidad. Esperanza significa que hay una posibilidad, no una certeza, de curación y amor.

La esperanza es una invitación al cambio y en el cambio invita a una transformación más global. Dios nos promete misericordia y compasión. Se nos promete el amor y la compasión de una madre por su hijo. Se nos promete un manantial eterno, renovado diariamente por Dios, abierto a nosotros cuando esperamos.

La esperanza invita a la posibilidad: "Tal vez pueda curarme"; "Tal vez tenga los recursos internos y la fuerza para escribir un nuevo guion que traiga bondad a mi familia y comunidad, incluso a mil generaciones"; "No puedo estar seguro, pero sé que, si me pongo en marcha, encontraré esa compasión y amor que todo lo abarca"; "Aunque nada es seguro, sé que una vez que encuentre el coraje para dar el primer paso, todo será posible".

Éste es el valor de una comunidad como la nuestra. Hay momentos en los que puedo ser la fuente de esperanza que permite que el amor y la misericordia de Dios fluyan al mundo. En otros momentos necesito que sean ustedes esa fuente de esperanza para recordarme que las cosas pueden cambiar, que la curación es posible, que el amor sí existe.

No podemos hacerlo solos. Nos necesitamos unos a otros, y necesitamos a Dios. Y cada uno cuenta.

¿TIENES DÓNDE QUEDARTE?

Había una vez una pequeña aldea en la que vivía un niño que siempre hacía preguntas. Cada respuesta de la gente sólo daba lugar a una nueva pregunta del niño, y a medida que crecía no había nadie que pudiera responderle.

—Tienes que ir a ver al sabio —le dijo su padre—. Él te dará las respuestas que buscas.

Un día, la madre del niño empacó una pequeña maleta y, con un abrazo de amor y un beso, lo despidió. El muchacho llegó a la ciudad y fue directamente a ver al gran maestro.

—¡Maestro, por favor, quiero aprender los secretos de Dios!

El rabino miró fijamente el rostro del joven, y finalmente respondió.

—Te enseñaré, pero dime: ¿tienes un lugar donde quedarte?

—¿Un lugar para quedarme? ¡No necesito un lugar, quiero aprender los secretos de Dios!

—Sí, por supuesto, pero primero ve a buscar un lugar y luego te enseñaré.

El muchacho salió a buscar un lugar, pero no había ni un cuarto disponible. Si quería quedarse y aprender del maestro, tendría que construir un lugar para sí mismo, así que consiguió algunas herramientas y se puso a trabajar construyendo una casa. No sabía si podía hacerlo, pero sabía que debía intentarlo. Sólo así sabría los secretos. No fue fácil. Varias veces las paredes o el techo se cayeron. Finalmente lo logró. ¡Había construido un hogar! No era grande, pero era acogedor y cálido, ¡y era suyo!

—Maestro, ya me construí una casa. Nunca hubiera creído que podía hacer tal cosa... Pero ahora tengo una casa. ¡Ahora, por favor, enséñeme los secretos de Dios!

El maestro miró su rostro.

—Primero dime: ¿tienes un trabajo?

—¿Un trabajo? ¡No necesito trabajo!

—¡Ve a buscar un trabajo, y luego tendremos mucho tiempo para aprender juntos!

El discípulo empezó a buscar trabajo, hasta que se dio cuenta de que allí todos cultivaban su propia tierra. Así que el joven comenzó una granja detrás de su casa. Trabajó muy duro. Sembró frutas y verduras, cultivó los campos.

Cuando finalmente llegó la cosecha, estaba emocionado. Nunca pensó que pudiera lograr nada. Llenó una canasta con sus productos y se la llevó al rabino.

—¡Maestro, mira, te traigo los frutos de mis manos!

—Muy bien, dijo el rabino, pero ¿tienes una esposa?

Pasó algún tiempo y el joven volvió casado. Inmutable el Maestro lo miró.

—¿Tienes hijos?

De alguna manera, como ustedes, él ya esperaba esa pregunta. Así que esta vez sólo sonrió.

—No, todavía no, pero si me lo dices...

Al cabo de un tiempo nacieron sus hijos, y el muchacho descubrió que se sentía más completo de lo que se había sentido antes. Volvió con el rabino una vez más.

—Maestro, estoy listo. He hecho todo lo que me pediste. Ahora, por favor, enséñame los secretos de Dios.

El rabino miró al rostro del chico.

—Todavía no estás listo.

—Pero ¿qué más necesito? —exclamó desilusionado.

—¿Qué más? Pronto lo sabrás.

Días después le avisaron que su padre estaba muy grave. El muchacho viajó a casa, donde encontró a su padre cansado y enfermo. Se sentó con él y compartieron todo lo que la vida les había enseñado. El padre, orgulloso de su hijo, sonrió débilmente y poco a poco se quedó dormido. El joven vivió un profundo dolor.

Tiempo después volvió a su casa, a su familia y con el Maestro.

—Maestro, nunca pensé que podría superar mi tristeza, pero mi padre me enseñó a amar la vida tanto como él. ¿Cree que estoy listo ahora para compartir los secretos de Dios?

—Sí, hijo mío, ahora estás preparado para oír los secretos —el rabino respiró hondo; luego caminó hacia la ventana y se quedó mirando la puesta del sol—. Viniste aquí hace años buscando un Dios fuera de ti, lejano, en el universo, sin entender que el lugar para encontrarlo estaba dentro de ti, en tu propia capacidad de ser y de crecer, de aprender, de crear y construir, de amar, de compartir, de alegrarte y también, a su tiempo, de vencer el dolor. Ya has encontrado a Dios en tu vida, ya sabes los secretos.

Se cuenta que cuando el Maestro envejeció, lo nombró su sucesor. La gente lo buscaba porque él sabía las respuestas. Y cuando algún joven le preguntaba: "¡Enséñame, por favor, los secretos de Dios!", él lo miraría a la cara por un largo rato y luego preguntaría:

—¿Tienes un lugar para quedarte?

“

Nuestra vida está llena de momentos extraordinarios y momentos espantosos. Pero son muchos los casos en los que detrás de la alegría se oculta, por más contentos que parezcamos, el miedo. Tememos no lograr lo que queremos, perder lo que amamos, o quedarnos desprotegidos. Pero el mayor miedo suele ser el que nuestro cuerpo algún día deje de funcionar. Y por ello, la felicidad nunca es completa... Negamos el miedo porque nos incomoda pensar en las cosas que nos asustan. Y aunque tratemos de ignorarlo y nos digamo: 'No quiero pensar en ello', el miedo sigue presente. El único modo de liberarnos del miedo y ser felices es reconocerlo y ver su fuente. Dejemos de querer escapar al miedo, permitamos que aflore y mirémoslo directa y fijamente a los ojos.

THICH NHAT HANH

”

EL ÁRBOL DE LOS DOLORES

En un pequeño pueblo de Polonia vivía un rabino sabio. Sus seguidores lo amaban y con frecuencia venían a hablarle de sus esposas. Después de un tiempo, el rabino se cansó de escuchar a cada uno afirmar que su suerte en la vida era mucho más difícil de soportar que la de su vecino. Constantemente se preguntaban: "¿Por qué ella no tiene que sufrir como yo? ¿Por qué él no tiene problemas de espalda como yo? ¿Por qué no tienen niños que todavía viven en casa y no aportan nada a los ingresos de la familia?". Las quejas seguían y seguían hasta que al rabino se le ocurrió un plan: envió la noticia de que se iba a celebrar una nueva festividad.

"Traigan sus penas y problemas —anunció—. Tráiganlos en una bolsa con su nombre y cuelguen la bolsa del gran árbol en el centro del pueblo. A todos se les permitirá intercambiar sus problemas e irse a casa con los de su prójimo en lugar de los suyos propios".

Los aldeanos estaban emocionados, imaginando lo fácil que sería su vida a partir de ese día. Cuando llegó el día, se reunieron debajo del árbol bolsas en mano. Con trozos de cuerda ataron sus bolsas a las ramas bajas del árbol para que todos pudieran inspeccionarlas.

"Ahora —dijo el rabino— si pueden inspeccionar las bolsas; elijan los problemas de otra persona para llevárselos a casa, liberándose así de los suyos".

Los aldeanos corrieron hacia el árbol y comenzaron tomar las bolsas y a mirar dentro de ellas, una tras otra; al hacerlo daban vueltas y vueltas alrededor del árbol... Finalmente, bastante cansados y sintiéndose a la vez tan tontos y más sabios, cada uno buscó su propia bolsa y caminó a casa.

El rabino sonrió. Fue tal como había esperado. Los aldeanos habían visto las penas de los demás tal como eran realmente y habían decidido seguir con sus propias suertes en la vida porque, al menos, les eran familiares.

“

Cuando esto termine,
que nunca más demos por sentado
un apretón de manos con un extraño,
estantes llenos en la tienda,
conversaciones con los vecinos,
Un teatro lleno de gente,
poder salir a cenar,
el sabor de la conexión,
un chequeo de rutina,
correr al trabajo o a la escuela cada mañana,
un café con un amigo,
un estadio celebrando
cada profundo respiro,

un martes aburrido,
la vida misma.

Cuando esto termine,
que podamos descubrir
que nos hemos vuelto más
como las personas que queríamos ser,
como fuimos llamados a ser,
como esperamos ser.
Y que permanezcamos así,
mejores el uno para el otro
por haber compartido el dolor.

Laura Kelly Fanucci

A MODO DE DESPEDIDA

Cuando ya no sabemos qué hacer, hemos llegado a nuestro verdadero trabajo. Y cuando ya no sabemos qué sendero tomar, hemos comenzado nuestro verdadero viaje.

WENDELL BERRY

Llegamos a las páginas finales. Estamos vivos. Tenemos más cicatrices por las experiencias que hemos enfrentado. Hemos atravesado un valle de oscuridad y del miedo que nos amenazó y sacudió con toda su fuerza. Sin embargo, como escribiera la autora Isabel Allende: "Todos tenemos una reserva de fuerza insospechada que emerge cuando la vida nos pone a prueba".

En esa fuerza que nos da el ser *Prisioneros de la esperanza* forjamos el camino que nos permite llegar a este día. Pudimos vernos reflejados, buscando acercar nuestro ser real a nuestro ser ideal, enfrentar el miedo, abrir los ojos, comprender que necesitamos la solidaridad, el estar juntos para ser más completos y mejores. Que tenemos que crear una sociedad más justa, más humana, más decente. Y tu voz cuenta. Pero debe ser oída. Porque hoy en día lo más importante, aún más que seguir con vida, es permanecer humanos. Espero de corazón haberlos ayudado a encontrar el camino.

Fueron días de metamorfosis, de la que lentamente y a costa de muchas vidas perdidas, vamos emergiendo. De alguna forma, la metamorfosis dio paso a un nuevo mundo, al que aún tenemos la tarea de darle forma y sentimientos. Espero que hayamos aprendido de nuestra propia soledad, temor, dudas, pérdidas, inseguridad. Y que comprendamos que siempre debemos elegir la vida.

Hay una poderosa historia que estudié hace muchos años y que me acompaña cada día. Es un breve relato del Talmud (Pesachim 50[a]) en el que se cuenta que rabí Iosef, hijo del reconocido rabí Ieoshua, se enfermó de gravedad y cayó en coma. Después de un tiempo, afortunadamente reaccionó. Su padre le preguntó: "Hijo, cuando estabas inconsciente, al borde de la muerte, ¿qué viste?".

Rabí Iosef le respondió a su padre: "Vi el mundo al revés. Los nobles aquí en la Tierra, en el mundo celestial eran tratados como humildes; y los humildes aquí en la Tierra, allí eran tratados como personas nobles". A lo que el padre dijo: "Hijo, lo que viste es el mundo real, el mundo de la forma como estaba destinado a ser". Ése es el mundo que debemos recuperar y recrear.

El rabino de Kotzk dijo: "Nadie llegará a ninguna parte sin antes caminar. Antes que nada, debes caminar. Y si aún no encuentras lo que buscabas, el propio caminar es tu recompensa. Cuando damos el primer paso, vemos todo desde una nueva perspectiva".

Ésa es mi invitación reiterada. Da el primer paso. No temas. Ten esperanza, ten fe. A cada paso que des, un nuevo mundo abrirá sus puertas. El secreto es caminar. Es decirle sí a la vida, siempre.

Gracias por acompañarme en este sueño.

Quiero terminar el viaje de estas páginas, emocionado y esperanzado, con un poema de la canción *Anthem*, de Leonard Cohen, con el que me identifico en mi propia vida.

Los pájaros cantaban al romper el alba.
"Comenzar de nuevo", los oía decir.
No te preocupes por lo que ya pasó,
o por lo que aún está por venir.
Ah, las guerras de nuevo se pelearán,
la sagrada paloma volverá a ser atrapada,
comprada, vendida y comprada otra vez.
La paloma nunca es libre.

Que doblen las campanas que aún puedan sonar.
Olvida tu ofrenda perfecta.
Hay una grieta en todo, así es como entra la luz.

Pedimos señales y las señales fueron enviadas.

Puedes juntar las partes, pero no tendrás el todo.
Puedes tocar la marcha, pero no hay tambor.
A cada corazón el amor llegará, pero como un refugiado.

Que doblen las campanas que aún puedan sonar.
Olvida tu ofrenda perfecta.
Hay una grieta en todo, así es como entra la luz.

Bendiciones, amigos. Estamos juntos. Shalom.

MARCELO RITTNER
mrittner@gmail.com